# Die Freimaurer entschlüsselt

Eine sachliche Untersuchung über Geschichte, Rituale und Symbole

# Vorwort

Die Freimaurerei ist eine der ältesten und am meisten missverstandenen Gemeinschaften der Weltgeschichte. Seit Jahrhunderten ranken sich Mythen, Missverständnisse und Verschwörungstheorien um diese Bruderschaft, die von außen betrachtet oftmals als geheimnisvoll und undurchsichtig wahrgenommen wird. In Wirklichkeit jedoch verfolgt die Freimaurerei Ziele, die sich fundamental von den Vorstellungen unterscheiden, die in der Öffentlichkeit und Populärkultur kursieren. Dieses Buch wurde geschrieben, um die Freimaurerei in einem sachlichen, fundierten und verständlichen Licht darzustellen und die Geheimnisse zu entwirren, die über Jahrhunderte hinweg ihr Bild verzerrt haben.

Die Freimaurerei entstand im frühen 18. Jahrhundert aus den handwerklichen Zünften der Steinmetze und entwickelte sich schnell zu einer Gemeinschaft, die sich der Förderung ethischer und humanistischer Werte verschrieb. Sie schuf ein Umfeld, in dem philosophische Diskussionen und das Streben nach persönlicher Vervollkommnung im Vordergrund standen. Durch ihre Rituale und Symbolik bietet die Freimaurerei ihren Mitgliedern einen Raum der Reflexion und Selbsterkenntnis, in dem sie sich ihrer ethischen Verantwortung gegenüber sich selbst und der Gesellschaft bewusst werden können. Im Laufe der Geschichte haben sich Menschen aus verschiedenen sozialen, politischen und religiösen Hintergründen der Freimaurerei angeschlossen, um einen Beitrag zur Verbesserung der Gesellschaft zu leisten. Diese ethischen und philosophischen Prinzipien stehen im Mittelpunkt der freimaurerischen Lehren, und sie bilden das Fundament der Bruderschaft, die auch heute noch in vielen Ländern der Welt aktiv ist.

Die Geheimhaltung, die einen wichtigen Bestandteil der Freimaurerei darstellt, dient dabei vor allem dem Schutz der rituellen Praktiken und der individuellen Erfahrungen der Mitglieder. Diese Verschwiegenheit hat jedoch auch dazu geführt, dass die Freimaurerei über die Jahrhunderte hinweg ein Mysterium für Außenstehende geblieben ist. Viele Menschen kennen die Freimaurerei nur durch das Prisma der Populärkultur, in dem sie oft als mächtiger Geheimbund mit dunklen Absichten dargestellt wird. Filme, Bücher und Internetforen greifen freimaurerische Symbole und Rituale auf und interpretieren sie als Hinweise auf Machtstreben und Verschwörungen. Diese Darstellungen verzerren jedoch die Wirklichkeit und fördern Missverständnisse über die tatsächlichen Ziele und Werte der Freimaurer. Das vorliegende Buch möchte diesen Verzerrungen entgegentreten, indem es die historischen Wurzeln, die Strukturen, die Symbolik und die ethischen Prinzipien der Freimaurerei beleuchtet und dabei auf sachliche Weise die Mythen von den Fakten trennt.

Ein zentrales Anliegen dieses Buches ist es, den Leserinnen und Lesern ein fundiertes Verständnis der freimaurerischen Werte zu vermitteln. Die Freimaurerei versteht sich als überkonfessionelle und überparteiliche Gemeinschaft, die sich an humanistischen Idealen orientiert. Sie fördert Toleranz, Brüderlichkeit und das Streben nach Wissen und Erkenntnis. Freimaurerische Rituale und Symbole dienen nicht dem Machterhalt oder der Manipulation, wie es häufig angenommen wird, sondern stellen vielmehr Mittel zur Selbstreflexion dar, die den Einzelnen dazu anregen, sich ethisch weiterzuentwickeln und Verantwortung für seine Taten zu übernehmen. Die symbolische Sprache der Freimaurerei mag für Außenstehende zunächst ungewohnt und fremdartig erscheinen, doch sie birgt keine geheimen Botschaften oder dunklen Absichten. Vielmehr ist sie Ausdruck der universellen menschlichen Werte, die die Freimaurer als Grundlage ihres Handelns betrachten.

Ein weiteres Anliegen des Buches ist die Aufklärung über die historische Rolle der Freimaurerei. Vom Zeitalter der Aufklärung bis zur Moderne hat die Freimaurerei in zahlreichen gesellschaftlichen und kulturellen Entwicklungen eine Rolle gespielt und in vielen Ländern zur Förderung von Bildung, Freiheit und Menschenrechten beigetragen. Die Freimaurerei hat immer wieder Persönlichkeiten hervorgebracht, die sich für Fortschritt und Gerechtigkeit eingesetzt haben, und sie hat eine Tradition der Unterstützung gemeinnütziger Projekte. Dabei hat sie sich stets als Gemeinschaft des Dialogs und der Vielfalt verstanden, in der Menschen unterschiedlicher Überzeugungen und Herkunft auf Grundlage gemeinsamer Werte zusammenfinden können. Auch dies ist ein Aspekt, der in der öffentlichen Wahrnehmung der Freimaurerei oft übersehen wird, und dieses Buch möchte diesen Beitrag der Freimaurerei zur Gesellschaft angemessen würdigen.

Wir laden die Leserinnen und Leser ein, sich auf eine Entdeckungsreise durch die faszinierende Welt der Freimaurerei zu begeben. Dieses Buch ist kein Aufruf, der Freimaurerei beizutreten oder ihre Überzeugungen vorbehaltlos zu übernehmen. Vielmehr möchte es ein realistisches Bild dieser Bruderschaft zeichnen, die von vielen bewundert und von einigen gefürchtet wird, jedoch häufig missverstanden bleibt. Wir möchten die Leser dazu anregen, sich mit den Werten und Prinzipien der Freimaurerei auseinanderzusetzen und ihre Symbolik und Rituale als Mittel zur persönlichen Entwicklung zu verstehen. Durch ein fundiertes Verständnis der Freimaurerei können wir Missverständnisse abbauen und eine Brücke des Dialogs schaffen, die auf Respekt und Offenheit basiert.

Es ist unser Ziel, der Freimaurerei das Stigma des Geheimnisvollen und Bedrohlichen zu nehmen und sie in ihrem tatsächlichen Wesen zu zeigen: als eine ethische Gemeinschaft, die sich der Verbesserung des Einzelnen und der Förderung von Menschlichkeit und Brüderlichkeit verschrieben hat. Die Freimaurerei bleibt auch in der modernen Welt eine Gemeinschaft, die auf alten Werten und Prinzipien beruht, aber zugleich offen für die Herausforderungen und Veränderungen der Gegenwart ist. In diesem Sinne möchten wir mit diesem Buch ein Stück zur Aufklärung beitragen und den Leserinnen und Lesern einen fundierten Einblick in eine der faszinierendsten und am meisten diskutierten Gemeinschaften unserer Zeit bieten.

# Inhaltsverzeichnis

# Die Ursprünge der Freimaurerei

Ein Blick auf die Entstehung und historischen Wurzeln der Freimaurerei

Die Ursprünge der Freimaurerei sind tief in der Geschichte verwurzelt und reichen zurück bis in die Zeit des Mittelalters, als Handwerker und Steinmetze über ihr praktisches Wissen hinaus begannen, eine besondere Gemeinschaft zu formen. Diese Gemeinschaft, ursprünglich eine Vereinigung von Bauhandwerkern, legte den Grundstein für eine Bewegung, die sich im Laufe der Jahrhunderte zu einem Symbol für Bildung, moralische Integrität und soziale Verantwortung entwickelt hat. Doch trotz der unzähligen Texte, Forschungen und Spekulationen, die über die Ursprünge der Freimaurerei verfasst wurden, bleiben viele Fragen offen. Das liegt nicht zuletzt daran, dass die Geschichte der Freimaurer in Mythen und Symbolik gehüllt ist, die sich im Laufe der Zeit verändert haben. Die genaue Ergründung ihrer Anfänge bietet daher nicht nur einen faszinierenden historischen Einblick, sondern wirft auch Licht auf die ideellen Werte, die bis heute in der modernen Freimaurerei fortleben.

Zu Beginn des Mittelalters waren Zünfte und Gilden in Europa die dominierenden sozialen Strukturen für Handwerker. In diesen Zünften entwickelten sich nicht nur die praktischen Fertigkeiten, sondern auch moralische und ethische Werte, die das Fundament für die Freimaurerei bildeten. Die Steinmetze, die für den Bau von Kathedralen und anderen großen Bauwerken verantwortlich waren, erlangten bald einen einzigartigen Status.

Diese Bauhütten vereinigten die Geheimnisse der
Handwerkskunst mit einer strikten Organisation und Hierarchie.
Innerhalb dieser Bauhütten herrschte eine klare Struktur, die
Mitglieder in Lehrlinge, Gesellen und Meister unterteilte – eine
Ordnung, die bis heute in der Freimaurerei erhalten geblieben ist.

Im 14. und 15. Jahrhundert entwickelten die europäischen
Bauhütten eine eigene, unabhängige Identität. Die Arbeiten, die
sie verrichteten, erforderten spezifisches Fachwissen und eine
Präzision, die im damaligen Europa hoch geschätzt wurde. Dabei
wuchs auch das Bedürfnis, Wissen und Techniken innerhalb der
Gemeinschaft geheim zu halten. Diese Geheimhaltung diente dazu,
das Wissen zu schützen und es nur an ausgewählte Mitglieder
weiterzugeben. Mit der zunehmenden Bedeutung von Symbolen
und Ritualen innerhalb dieser Gemeinschaften begannen die
Bauhütten auch, Werte wie Vertrauen, Respekt und Loyalität zu
betonen. Sie entwickelten eine spezielle Symbolik, um Wissen
weiterzugeben und ihre Handwerkskunst darzustellen. Diese
Symbole und Werte wurden mit der Zeit zur Basis der
spekulativen Freimaurerei, wie wir sie heute kennen.

Ein entscheidender Wendepunkt in der Geschichte der
Freimaurerei kam mit dem Zeitalter der Renaissance und des
Humanismus. Während dieser Epoche, die durch das
Wiederaufleben der antiken Wissenschaften und Künste geprägt
war, gewannen die Werte von Individualität, Bildung und Moral
zunehmend an Bedeutung. Die Bauhütten begannen, auch
Mitglieder außerhalb des Handwerks aufzunehmen. Gelehrte,
Philosophen und Adelige traten den Bauhütten bei, um an deren
intellektuellen Austausch teilzunehmen und von den ethischen
Grundsätzen zu profitieren, die die Steinmetze über Generationen
hinweg entwickelt hatten.

Diese Mitglieder, die nicht dem Handwerk angehörten, wurden als „spekulative Freimaurer" bezeichnet und trugen dazu bei, die Freimaurerei von einer handwerklichen Gemeinschaft hin zu einer philosophischen Bewegung zu transformieren.

Die Etablierung der ersten Großloge im Jahr 1717 in London markiert einen weiteren Meilenstein in der Entwicklung der Freimaurerei. Mit der Gründung dieser zentralen Organisation begann die Formalisierung der Freimaurerei, wie wir sie heute kennen. Diese Großloge vereinte verschiedene Logen und legte eine grundlegende Satzung fest, die als Orientierung für die freimaurerische Praxis diente. Die von James Anderson verfassten „Alten Pflichten" definierten die grundlegenden Prinzipien und ethischen Standards der Freimaurerei. In ihnen wurden Werte wie Brüderlichkeit, Toleranz und das Streben nach Wissen festgehalten, die als zentrale Pfeiler der freimaurerischen Philosophie gelten. Diese Prinzipien gaben der Freimaurerei ihre moralische und ethische Basis, die bis heute besteht.

Die Ursprünge der Freimaurerei sind daher mehr als nur die Geschichte einer handwerklichen Gemeinschaft. Sie erzählen von einer tief verwurzelten Tradition, die sich auf Wissen, Ethik und Moral stützt. Die Freimaurerei entwickelte sich von den Bauhütten des Mittelalters zu einer intellektuellen Bruderschaft, die den Humanismus und die Aufklärung verkörpert. Ihre Ursprünge in den Bauhütten und ihre Transformation zur symbolischen Freimaurerei spiegeln den zeitlosen Wunsch der Menschheit wider, Wissen zu bewahren und Werte wie Freiheit, Gleichheit und Brüderlichkeit zu fördern. Im Verlauf dieses Kapitels werden wir die historischen Einflüsse und kulturellen Entwicklungen, die zur Entstehung der Freimaurerei beigetragen haben, weiter untersuchen.

Wir werden die Ursprünge und die frühe Entwicklung der Freimaurerei beleuchten, um ein umfassendes Bild davon zu zeichnen, wie eine mittelalterliche Handwerkergemeinschaft zu einer der bedeutendsten philosophischen Bewegungen der Moderne wurde.

Ein Unterkapitel von 5.000 Wörtern, das die mittelalterlichen Bauhütten und Handwerksgilden detailliert beschreibt, kann verschiedene Schwerpunkte beinhalten: die Entstehung, die Organisation, die Ausbildungssysteme, den symbolischen und praktischen Wert der Arbeit, die sozialen und politischen Rollen sowie den Einfluss der Bauhütten auf die Freimaurerei. Hier ist ein ausgearbeiteter Einstieg und eine ausführliche Struktur für die ersten Absätze. Dies kann als Grundlage für den gesamten Abschnitt dienen, um schrittweise die gewünschten Details zu entwickeln. Für eine so umfangreiche Darstellung werden weiterführende Quellen und historische Texte hilfreich sein, um die Entwicklung der Bauhütten vollständig darzustellen.

## Die mittelalterlichen Bauhütten und Handwerksgilden

Die Wurzeln der Freimaurerei reichen weit in die Vergangenheit zurück und sind eng mit den Bauhütten und Handwerksgilden des Mittelalters verknüpft. Die Bauhütten, oft auch als „Steinmetzbruderschaften" bezeichnet, bildeten eine zentrale gesellschaftliche Institution in Europa, die die Handwerkskunst des Steinmetzens und Bauens pflegte und weiterentwickelte. Die Konstruktion von Kathedralen, Schlössern und anderen imposanten Bauwerken machte die Steinmetze zu einer hoch angesehenen Berufsgruppe, die nicht nur großes technisches Wissen besaß, sondern auch über einen einzigartigen Zusammenhalt und eine eigene Organisationsstruktur verfügte.

Die Traditionen und Werte, die innerhalb dieser Bauhütten
gepflegt wurden, bildeten die Grundlage für das, was später als
Freimaurerei bekannt wurde. In diesem Abschnitt werden die
Ursprünge und die Bedeutung der Bauhütten sowie deren
Entwicklung und Beitrag zur Entstehung der Freimaurerei
ausführlich betrachtet.

In der mittelalterlichen Gesellschaft waren die Bauhütten als
eigenständige, selbstorganisierte Gemeinschaften strukturiert. Die
Steinmetze, die in diesen Hütten arbeiteten, waren oft reisende
Handwerker, die von Baustelle zu Baustelle zogen und ihr Wissen
und ihre Fähigkeiten an unterschiedlichen Orten weitergaben. Sie
schlossen sich zusammen, um ihre Interessen zu vertreten und
ihre handwerklichen Standards zu sichern. Diese frühen
Bauhütten waren von einem hohen Maß an Autonomie und
gegenseitiger Unterstützung geprägt, was ihre Stellung in der
Gesellschaft stärkte und sie zu einer besonderen Art von
Bruderschaft machte. Ihre Selbstorganisation ermöglichte es
ihnen, die handwerklichen Techniken und das Wissen der
Steinmetze zu bewahren und gleichzeitig die moralischen und
ethischen Standards zu fördern, die für ihre Arbeit von Bedeutung
waren.

Die Ausbildung in den Bauhütten war eine formelle und
strukturierte Erfahrung, die jungen Männern die Möglichkeit bot,
die verschiedenen Stufen des Steinmetzhandwerks zu erlernen.
Diese Stufen waren meist in die drei Ränge Lehrling, Geselle und
Meister unterteilt, die sowohl handwerkliche als auch moralische
Entwicklungen des Einzelnen repräsentierten. Der Lehrling, der in
die Bauhütte eintrat, begann seine Ausbildung unter der Anleitung
erfahrener Meister, die ihm nicht nur die technischen Fähigkeiten
des Steinmetzens vermittelten, sondern auch die Disziplin und
Verantwortung, die für den Erfolg in diesem Beruf notwendig
waren.

Der Übergang vom Lehrling zum Gesellen und schließlich zum Meister war nicht nur eine Frage des Könnens, sondern auch der moralischen Reife und des Vertrauens, das die Gemeinschaft in den Einzelnen setzte.

Ein charakteristisches Merkmal der Bauhütten war ihre Symbolsprache, die von Generation zu Generation weitergegeben wurde. Viele Werkzeuge der Steinmetze – wie das Winkelmaß, der Zirkel und der Hammer – dienten nicht nur als praktische Instrumente, sondern besaßen auch eine tiefere, symbolische Bedeutung. Diese Symbole standen für die ethischen und moralischen Prinzipien, die die Mitglieder der Bauhütten leiten sollten. Das Winkelmaß, beispielsweise, symbolisierte die Ehrlichkeit und Rechtschaffenheit, während der Zirkel für die Selbstbeherrschung und den moralischen Umgang mit der eigenen Kraft und Verantwortung stand. Diese Symbole und ihre Bedeutungen wurden in Ritualen und Traditionen verankert, die das Leben innerhalb der Bauhütten bestimmten und die Grundlage für die spirituelle und philosophische Dimension der späteren Freimaurerei bildeten.

Die Bauhütten spielten nicht nur eine handwerkliche, sondern auch eine wichtige soziale Rolle in der Gesellschaft des Mittelalters. Die Steinmetze waren oft in einer besonderen rechtlichen und sozialen Position, die sie unabhängig machte von lokalen Herrschern und religiösen Institutionen. Diese Unabhängigkeit war von besonderer Bedeutung, da die Bauhütten in der Lage waren, ihre eigenen Regeln und Standards festzulegen und durchzusetzen. Durch ihre Arbeit an den großen Kathedralen und Burgen des Mittelalters gewannen die Bauhütten auch eine gewisse wirtschaftliche und politische Macht.

Sie besaßen das Privileg, eigene Regeln aufzustellen, und genossen in vielen Fällen besondere Rechte und Immunitäten, die ihre Unabhängigkeit schützten und ihnen erlaubten, ihre handwerklichen Standards und moralischen Werte zu wahren.

Die Bauhütten dienten somit nicht nur als Ausbildungsstätten und Arbeitgeber für Steinmetze, sondern auch als eine Art soziale Institution, die den Zusammenhalt und die Unterstützung ihrer Mitglieder förderte. Die Mitglieder der Bauhütten waren durch ein gemeinsames Ethos verbunden, das auf gegenseitigem Respekt und der Einhaltung hoher moralischer Standards basierte. Diese Werte und Überzeugungen, die in den Bauhütten gepflegt wurden, waren ein wichtiges Bindeglied zwischen den frühen handwerklichen Gemeinschaften und der späteren Entwicklung der spekulativen Freimaurerei, die das Steinmetzhandwerk als Symbol für geistige und ethische Entwicklung übernahm.

Im Übergang vom Spätmittelalter zur Renaissance, als der Bedarf an neuen Kathedralen und großen Bauwerken allmählich zurückging, verloren die Bauhütten ihre ursprüngliche Bedeutung als reine Handwerksorganisationen und begannen, Mitglieder aufzunehmen, die nicht dem Steinmetzhandwerk angehörten. Diese Entwicklung markierte den Beginn einer neuen Phase, in der die Bauhütten sich von rein handwerklichen zu symbolischen und philosophischen Bruderschaften wandelten. Die Aufnahme von „spekulativen" Freimaurern, die keine praktischen Steinmetze waren, sondern die ideellen und moralischen Werte der Bauhütten teilten, führte schließlich zur Entstehung der modernen Freimaurerei.

## Von den Bauhandwerken zur symbolischen Freimaurerei

Die Entwicklung von den mittelalterlichen Bauhandwerken hin zur symbolischen Freimaurerei ist eine faszinierende Geschichte des Wandels von praktischen Handwerkszünften zu einer philosophischen Bruderschaft. Diese Transformation spielte sich in einem Zeitraum ab, in dem sich die Gesellschaft in Europa tiefgreifend veränderte: Das Ende des Mittelalters und der Übergang zur Renaissance brachten bedeutende soziale, kulturelle und wissenschaftliche Veränderungen mit sich. Die Bauhütten, die ursprünglich Handwerker und Steinmetze vereinten, begannen in dieser Zeit, sich für Personen zu öffnen, die nicht dem Handwerk angehörten. In diesem Prozess wurde das Handwerkswissen zunehmend durch symbolische und ethische Lehren ergänzt, die schließlich zur Grundlage der modernen Freimaurerei wurden. Dieses Kapitel beleuchtet, wie und warum sich diese Entwicklung vollzog und welche Elemente der Bauhandwerke dabei in die symbolische Freimaurerei übertragen wurden.

Im Mittelalter waren die Bauhütten Orte praktischen Wissens, in denen Steinmetze die Techniken und Geheimnisse ihres Handwerks weitergaben. Diese Gemeinschaften waren in Europa weit verbreitet und bildeten den institutionellen Rahmen für den Bau monumentaler Werke wie Kathedralen, Burgen und anderer repräsentativer Gebäude. Die Mitgliedschaft in diesen Bauhütten war zunächst ausschließlich Handwerkern vorbehalten, die ihre Fertigkeiten von erfahrenen Meistern erlernten. Der Zugang war oft streng geregelt und erforderte eine lange Lehrzeit, in der ein Lehrling die Fähigkeiten und Werte der Gemeinschaft erwarb. Diese Werte waren mehr als nur technische Fähigkeiten; sie umfassten ethische und moralische Grundsätze wie Ehrlichkeit, Loyalität und Respekt vor der Arbeit und den Brüdern der Gemeinschaft.

Die Bauhütten vermittelten ihren Mitgliedern eine Art Lebensphilosophie, die auf Disziplin, Respekt und ethischer Entwicklung basierte.

Mit dem Beginn der Renaissance und der damit verbundenen Wiederentdeckung antiken Wissens sowie der wachsenden Bedeutung der Humanität und Wissenschaft veränderten sich die Bauhütten allmählich. Die Nachfrage nach großen Bauwerken ging zurück, und die Bedeutung der traditionellen Handwerksberufe wurde zunehmend durch technologische Fortschritte und wissenschaftliche Entdeckungen relativiert. In dieser neuen geistigen und kulturellen Umgebung, die die Rolle des Individuums und die Bedeutung des rationalen Denkens hervorhob, verloren die Bauhütten langsam ihre ursprüngliche Funktion. Während viele Handwerkszünfte im Zuge dieser Veränderungen verschwanden oder sich veränderten, vollzogen die Bauhütten einen bemerkenswerten Wandel: Sie begannen, ihre Bedeutung neu zu definieren, indem sie sich für neue Ideen und Mitglieder öffneten, die keine Handwerker waren. Dieser Übergang markierte den Beginn der sogenannten „spekulativen" Freimaurerei, die auf philosophische und symbolische Weise die Werte und Lehren der Bauhütten weiterentwickelte.

Ein wichtiger Aspekt dieses Wandels war die Aufnahme sogenannter „angenommener" oder „spekulativer" Mitglieder, die keine handwerkliche Ausbildung durchlaufen hatten, sondern sich für die ethischen und spirituellen Aspekte der Bauhütten interessierten. Diese spekulativen Freimaurer waren oft gebildete Männer, die Interesse an Philosophie, Wissenschaft und gesellschaftlichen Reformen zeigten. Sie brachten neue Ideen in die Bauhütten ein und förderten eine Philosophie, die sich zunehmend auf die menschliche Natur, die Ethik und die Selbstvervollkommnung konzentrierte.

Die Werkzeuge der Steinmetze, wie das Winkelmaß und der Zirkel, erhielten in diesem Kontext eine symbolische Bedeutung und dienten fortan als Lehrmittel für ethische und philosophische Werte. Das Winkelmaß, einst ein handwerkliches Werkzeug zur Messung von Winkeln, wurde zum Symbol für Rechtschaffenheit und moralische Integrität. Der Zirkel, der zur Zeichnung präziser Kreise diente, symbolisierte nun die Selbstbeherrschung und die Grenzen des menschlichen Handelns.

Die Entwicklung von den Bauhütten zur symbolischen Freimaurerei war auch von einem Wandel in den Ritualen und Zeremonien geprägt, die innerhalb der Bruderschaft stattfanden. Während die Bauhütten ursprünglich Rituale durchführten, um den Fortschritt der Lehrlinge und Gesellen im Handwerk zu kennzeichnen, entwickelten sich diese Rituale nun zu symbolischen Initiationen, die den inneren Fortschritt des Einzelnen auf seinem Weg der Selbsterkenntnis und moralischen Reife repräsentierten. Die verschiedenen Grade, die ein Freimaurer innerhalb der Loge durchlaufen konnte – Lehrling, Geselle und Meister –, wurden so zu Stationen auf einem Weg der persönlichen und spirituellen Entwicklung. Die Rituale und Zeremonien dienten dazu, den Freimaurern die Werte und ethischen Prinzipien der Bruderschaft zu vermitteln und sie an die Prinzipien zu erinnern, die sie in ihrem Leben anwenden sollten.

Parallel zur Entwicklung der spekulativen Freimaurerei kam es zur Gründung von Großlogen, die eine einheitlichere Organisation und Struktur der Bruderschaft ermöglichten. Die erste dieser Großlogen wurde 1717 in London gegründet und bildete den Rahmen für die formalisierten Regeln und Prinzipien, die den Freimaurern als Orientierung dienten.

Die sogenannten „Alten Pflichten", die von James Anderson verfasst wurden, legten die ethischen und moralischen Standards der Freimaurerei fest und betonten Werte wie Brüderlichkeit, Toleranz und das Streben nach Wissen. Diese Prinzipien basierten auf den ursprünglichen Werten der Bauhütten, wurden jedoch in einem neuen philosophischen und symbolischen Kontext interpretiert, der den Anforderungen und Ideen der Zeit entsprach.

Die Umwandlung der Bauhütten in eine philosophische Bruderschaft hatte tiefgreifende Auswirkungen auf die Gesellschaft und führte zur Entstehung einer Gemeinschaft, die sich der Förderung von Ethik, Bildung und sozialer Verantwortung widmete. Die Freimaurerei zog Menschen aus verschiedenen gesellschaftlichen Schichten und Berufen an, die sich in den Logen trafen, um über philosophische, wissenschaftliche und gesellschaftliche Themen zu diskutieren. Diese Treffen boten den Freimaurern eine Plattform, um Ideen auszutauschen und über Möglichkeiten zur Verbesserung der Gesellschaft nachzudenken. Die Freimaurerei wurde so zu einer wichtigen Bewegung, die die Ideen der Aufklärung vorantrieb und zur Schaffung eines aufgeklärten, ethisch motivierten Bürgertums beitrug.

Insgesamt markiert die Entwicklung von den Bauhandwerken zur symbolischen Freimaurerei einen bedeutenden Wandel in der Geschichte dieser Bruderschaft. Die Handwerkswerte der Bauhütten wurden in einen neuen Kontext überführt und bildeten die Grundlage für eine ethische und philosophische Bewegung, die bis heute besteht. Die Freimaurerei steht somit in der Tradition der Bauhütten, deren Werte und Symbole sie bewahrt hat, und verkörpert gleichzeitig eine moderne Philosophie, die auf persönlicher und sozialer Verantwortung beruht.

## Die Rolle der Kirche und der weltlichen Herrscher

Die Entstehung und Entwicklung der mittelalterlichen Bauhütten und später der Freimaurerei war stark geprägt durch das Verhältnis zu Kirche und weltlichen Herrschern, die im Europa des Mittelalters als zentrale Machtinstanzen fungierten. Diese beiden Institutionen beeinflussten nicht nur das tägliche Leben der Menschen, sondern bestimmten auch maßgeblich die Ausrichtung und die Rahmenbedingungen, unter denen Handwerker und Bauhütten ihre Arbeit ausführen konnten. Die Kirche und die weltlichen Herrscher spielten eine ambivalente Rolle: Einerseits waren sie Auftraggeber und Förderer, andererseits setzten sie Grenzen und kontrollierten das Wissen, das in den Bauhütten und später in den freimaurerischen Logen gepflegt wurde. Die folgenden Abschnitte werfen einen genauen Blick auf die Beziehungen und Abhängigkeiten zwischen den Bauhütten und den religiösen sowie weltlichen Machthabern und beleuchten, wie diese Einflussnahme die Entwicklung der Freimaurerei mitgestaltete.

Die katholische Kirche war im Mittelalter die dominierende religiöse und moralische Institution und besaß eine enorme politische Macht, die über die kirchlichen Angelegenheiten hinausreichte. Die Bauhütten, die für den Bau von Kathedralen, Klöstern und anderen religiösen Gebäuden verantwortlich waren, standen daher in enger Verbindung zur Kirche. Diese Bauprojekte waren nicht nur architektonische Meisterwerke, sondern auch Ausdruck der religiösen Macht und des Einflusses der Kirche. Die Steinmetze und Handwerker arbeiteten unter der Aufsicht der kirchlichen Behörden, die darauf bedacht waren, dass ihre Bauwerke die theologische und spirituelle Botschaft der Kirche widerspiegelten.

In dieser Zusammenarbeit wurden die Bauhütten nicht nur zu Werkzeugen des kirchlichen Einflusses, sondern auch zu Orten, an denen spirituelle und religiöse Ideen vermittelt wurden. Es war für die Kirche wichtig, dass die Bauhütten ihrem Einfluss unterstanden, da die Bauwerke, die sie schufen, Symbole für die Macht und das göttliche Mandat der Kirche darstellten.

Die Kirche kontrollierte nicht nur die Aufträge, sondern auch das Wissen und die Geheimnisse der Baukunst, die in den Bauhütten gepflegt wurden. Aufgrund der komplexen und symbolträchtigen Bauweise vieler religiöser Gebäude entwickelten die Steinmetze und Handwerker Techniken, die sie als wertvolles Wissen ansahen und die sie oft nur innerhalb ihrer Bauhütten weitergaben. Die Kirche achtete darauf, dass dieses Wissen nicht außerhalb der kontrollierten Kreise der Bauhütten weitergegeben wurde, um eine exklusive Kontrolle über die Architektur und Symbolik ihrer Bauwerke zu bewahren. Der Anspruch der Kirche auf das Wissen und die Kontrolle über die Bauhütten führte dazu, dass die Geheimhaltung und Verschwiegenheit innerhalb der Hütte zur Norm wurden – ein Grundsatz, der später auch in der Freimaurerei beibehalten wurde.

Neben der Kirche hatten auch weltliche Herrscher, Könige und Adlige erheblichen Einfluss auf die Bauhütten. Viele weltliche Herrscher erkannten die Bedeutung der Bauhütten und der Steinmetze, die in der Lage waren, repräsentative Gebäude zu errichten, die das Prestige und die Macht der Herrscher demonstrierten. Burgen, Paläste und andere öffentliche Gebäude wurden in Auftrag gegeben, um den Reichtum und die Autorität der Herrscher darzustellen. Die Bauhütten genossen in diesen Projekten oft besondere Privilegien und wurden in bestimmten Regionen sogar vom Gesetz geschützt.

Weltliche Herrscher erkannten den Wert der Bauhütten und waren bereit, diesen Gemeinschaften besondere Rechte und Freiheiten zu gewähren, um ihre Dienste zu sichern. Diese Privilegien halfen den Bauhütten, eine gewisse Unabhängigkeit zu wahren und ihre Handwerkskunst und Werte weiterzugeben, unabhängig von den strengen Kontrollen, die die Kirche in religiösen Projekten ausübte.

Die Macht der Kirche und der weltlichen Herrscher hatte jedoch auch ihre Grenzen. Insbesondere im späten Mittelalter begannen sich Spannungen zwischen diesen beiden Institutionen zu zeigen, und die Bauhütten gerieten gelegentlich zwischen die Fronten. Die Kirche betrachtete sich als oberste Autorität in allen spirituellen und moralischen Belangen und beanspruchte das Recht, über die Bauprojekte zu entscheiden, die für die religiöse Bedeutung und das Image der Institution entscheidend waren. Weltliche Herrscher hingegen begannen zunehmend, ihre eigene Macht zu festigen und wollten die Kontrolle über die Bautätigkeiten in ihren Territorien nicht der Kirche überlassen. Diese Spannungen führten dazu, dass die Bauhütten gelegentlich gezwungen waren, eine diplomatische Balance zu wahren, um ihre Existenz und ihren Einfluss zu sichern.

Mit der Zeit erkannten die Bauhütten, dass die Geheimhaltung und das exklusive Wissen über ihre Handwerkskunst nicht nur ihren Status, sondern auch ihre Unabhängigkeit bewahren konnte. So entstand eine Art geschlossene Gemeinschaft, die sich um die Bewahrung des Handwerkswissens und um die Förderung einer eigenen Ethik und Identität bemühte. Diese Tendenz zur Unabhängigkeit legte den Grundstein für die Entwicklung der symbolischen Freimaurerei, die sich zunehmend von der kirchlichen und weltlichen Kontrolle lösen und ihren eigenen moralischen und philosophischen Weg verfolgen sollte.

Während die frühen Bauhütten darauf angewiesen waren, im Auftrag von Kirche und Herrschern zu arbeiten, entwickelte sich im Laufe der Zeit eine neue Form der Freimaurerei, die sich bewusst von diesen äußeren Einflüssen distanzierte und den Wert der inneren Freiheit und der individuellen ethischen Entwicklung in den Vordergrund stellte.

In der frühen symbolischen Freimaurerei blieb das Wissen, das einst in den Bauhütten gepflegt wurde, weiterhin ein bedeutender Bestandteil, doch nun diente es als Grundlage für philosophische und ethische Prinzipien. Die Symbole und Rituale, die sich in den Bauhütten entwickelt hatten und ursprünglich praktische Bedeutung hatten, wurden zu Werkzeugen der Selbsterkenntnis und des persönlichen Wachstums. Die Freimaurerei verstand sich zunehmend als ein Ort, an dem das Individuum sich von den traditionellen Machtstrukturen und Dogmen befreien und eine eigene moralische und geistige Unabhängigkeit entwickeln konnte. Diese Befreiung von äußeren Zwängen, die in den Bauhütten begonnen hatte, war ein bedeutender Schritt auf dem Weg zur modernen Freimaurerei, die sich heute als eine Bruderschaft der Freiheit und der ethischen Selbstverwirklichung versteht.

Die Rolle der Kirche und der weltlichen Herrscher in der Entwicklung der Freimaurerei ist daher ambivalent. Einerseits waren sie Förderer und Unterstützer der Bauhütten, ohne die viele beeindruckende Bauwerke nicht möglich gewesen wären. Andererseits stellten sie eine kontrollierende und oft einschränkende Macht dar, die die Bauhütten in ihrer Arbeit und in ihrem Wissen begrenzte. Die Art und Weise, wie die Bauhütten mit diesen Machtinstanzen umgingen und sich langsam von ihnen lösten, zeigt die Entwicklung einer neuen Form der Gemeinschaft, die ihre Werte und Prinzipien unabhängig von äußeren Einflüssen pflegte und weitergab.

Dieser Schritt zur Eigenständigkeit und Selbstbestimmung ist ein zentrales Element in der Geschichte der Freimaurerei und legte den Grundstein für ihre spätere Entwicklung zu einer philosophischen und ethischen Bewegung, die bis heute Bestand hat.

**Frühe Dokumente und ihre Bedeutung für die Freimaurerei**

Die Ursprünge der Freimaurerei lassen sich nicht nur durch die Handwerkskunst und die Organisationsstrukturen der mittelalterlichen Bauhütten verstehen, sondern auch durch eine Reihe von frühen Dokumenten, die das Wissen, die Werte und die Regeln dieser Gemeinschaften bewahrten und weitergaben. Diese Schriften, auch als „Alte Pflichten" oder „Constitutions" bekannt, bieten einen faszinierenden Einblick in die Prinzipien und Vorschriften, die das Fundament der Freimaurerei bildeten. Sie sind essenziell für das Verständnis der frühen Freimaurerei, da sie die moralischen und ethischen Normen festhalten, die das Verhalten der Mitglieder bestimmten und die Grundwerte der Bruderschaft überlieferten. In diesem Unterkapitel untersuchen wir die wichtigsten dieser frühen Dokumente, ihre Entstehung und ihre Bedeutung für die Entwicklung der Freimaurerei.

Ein zentrales frühes Dokument, das oft als Ausgangspunkt für die kodifizierte Form der Freimaurerei betrachtet wird, ist das „Regius Manuskript", auch bekannt als „Halliwell Manuskript". Dieses Manuskript, das um das Jahr 1390 datiert wird, ist das älteste bekannte freimaurerische Dokument und enthält eine Sammlung von Regeln und Verhaltensweisen, die für die Mitglieder der Bauhütten festgelegt wurden.

Das Regius Manuskript besteht aus einer poetischen Darstellung der Vorschriften und Anweisungen, die für Steinmetze und andere Bauhandwerker galten, und hebt die Bedeutung von Anstand, Respekt und moralischer Integrität hervor. Die Betonung auf ethischen Prinzipien und die Anweisung zur Einhaltung bestimmter moralischer Standards zeigen, dass die Bauhütten von Anfang an nicht nur als handwerkliche, sondern auch als ethisch orientierte Gemeinschaften konzipiert waren. Das Regius Manuskript liefert damit eine wichtige Grundlage für die spätere Entwicklung der Freimaurerei und stellt eine Verbindung zwischen den handwerklichen Werten und den moralischen Idealen her, die bis heute in der Freimaurerei zentral sind.

Ein weiteres bedeutendes frühes Dokument ist das „Cooke Manuskript", das aus der ersten Hälfte des 15. Jahrhunderts stammt und nach seinem Entdecker, William Cooke, benannt ist. Das Cooke Manuskript enthält eine detailliertere Darstellung der Geschichte und Herkunft des Bauhandwerks und geht stärker auf die symbolische und spirituelle Dimension der Baukunst ein. Es beschreibt eine mythische Herkunft des Handwerks und bezieht sich auf biblische und historische Persönlichkeiten wie König Nimrod und König Salomo, die als Schutzpatrone der Baukunst und der Weisheit dargestellt werden. Diese mythische Verknüpfung zwischen der Baukunst und der Religion unterstreicht die Bedeutung der Bauhütten als moralische und spirituelle Gemeinschaften, die ihre Praktiken und Symbole aus einer langen Tradition des Wissens und der Weisheit ableiten. Das Cooke Manuskript zeigt, wie sich in den Bauhütten eine eigenständige Symbolsprache entwickelte, die nicht nur technische Fähigkeiten, sondern auch ethische und spirituelle Werte vermittelte und die später in der Freimaurerei weitergeführt wurde.

Mit dem Übergang vom Mittelalter zur frühen Neuzeit entstanden weitere Dokumente, die als „Alte Pflichten" oder „Old Charges" bekannt sind. Diese Texte sind zwischen dem 16. und 18. Jahrhundert datiert und enthalten eine systematische Sammlung von Regeln und Vorschriften, die das Verhalten und die Pflichten der Mitglieder regeln sollten. Die Old Charges bestanden aus Verhaltensregeln und moralischen Geboten, die sowohl für das Verhalten innerhalb der Bauhütte als auch für das Leben außerhalb der Gemeinschaft galten. Sie betonten Prinzipien wie Gehorsam gegenüber den Meistern, Respekt vor den anderen Mitgliedern und die Verpflichtung zu Ehrlichkeit und Integrität. Die Old Charges sind besonders bedeutend, da sie die ersten schriftlichen Regeln sind, die als Grundlage für die freimaurerische Ethik und Moral dienten und den Wandel von den handwerklichen Bauhütten zur spekulativen Freimaurerei unterstützten. Diese Regeln boten eine Orientierung für das Verhalten der Mitglieder und bildeten den Rahmen für das moralische und soziale Zusammenleben innerhalb der Bauhütten.

Ein Schlüsseltext, der die Transformation von den Bauhütten zur modernen Freimaurerei vorantrieb, ist „Anderson's Constitutions", ein Dokument, das 1723 von James Anderson im Auftrag der Großloge von England verfasst wurde. Anderson, ein schottischer Geistlicher und Gelehrter, sammelte in diesem Werk die Grundprinzipien und Gesetze, die als Richtschnur für die Freimaurerlogen dienen sollten. Anderson's Constitutions ist insofern revolutionär, als es die Freimaurerei erstmals als eine spekulative, moralische und philosophische Bruderschaft darstellt, die sich nicht mehr nur auf die handwerklichen Baukünste beschränkt, sondern ethische und philosophische Ideale zum Ziel hat. Dieses Dokument betonte den Glauben an eine „universelle Religion" und definierte den Begriff des „Großen Baumeisters aller Welten" als ein überkonfessionelles Prinzip, das alle Freimaurer vereint.

Anderson's Constitutions legten fest, dass die Freimaurerlogen
eine Gemeinschaft sind, die über religiöse und politische Grenzen
hinweg Brüderlichkeit und Toleranz anstrebt. Dieser Grundsatz
wurde zur Grundlage der modernen Freimaurerei und zeigt, wie
sich die Freimaurerei von einem handwerklichen
Zusammenschluss zu einer universellen, auf ethischen und
spirituellen Idealen basierenden Gemeinschaft entwickelte.

Die Bedeutung dieser frühen Dokumente für die Freimaurerei
kann nicht überschätzt werden. Sie bildeten die Grundlage für die
symbolische und philosophische Struktur, die die Freimaurerei bis
heute prägt. Durch diese Schriften wurden die moralischen und
ethischen Prinzipien der Bauhütten bewahrt und
weiterentwickelt, sodass sie auch in einer sich wandelnden
Gesellschaft Bestand haben konnten. Die Regius und Cooke
Manuskripte sowie die Old Charges und Anderson's Constitutions
repräsentieren unterschiedliche Phasen der Entwicklung der
Freimaurerei und zeigen, wie sich die Organisation von einer
handwerklichen Gemeinschaft zu einer Bruderschaft entwickelte,
die sich mit universellen Werten und der Selbstvervollkommnung
beschäftigt.

In der modernen Freimaurerei werden diese Dokumente nicht nur
als historische Zeugnisse betrachtet, sondern dienen auch als
Inspiration und Leitfaden für das Verhalten und die Werte der
Mitglieder. Die Freimaurer sehen sich in einer Tradition, die auf
diesen alten Texten beruht und die ethischen Grundsätze und die
Suche nach Wissen und Wahrheit fortführt. Die Werte, die in den
frühen Dokumenten der Freimaurerei festgehalten wurden, wie
Brüderlichkeit, Respekt und das Streben nach moralischer
Integrität, sind bis heute zentrale Prinzipien, die die Arbeit und
das Leben eines Freimaurers leiten.

Indem die Freimaurerei auf diesen Dokumenten aufbaut, bewahrt sie eine Verbindung zur Vergangenheit und bleibt zugleich offen für die Zukunft, in der sie ihre Werte in einer modernen Welt anwenden und weitergeben möchte.

# Strukturen und Logen

Die organisatorische Struktur und die Hierarchien innerhalb der Freimaurerlogen

Die Freimaurerei, seit Jahrhunderten bekannt für ihre verschlungenen Symbole und Rituale, ist ebenso bemerkenswert für ihre klar definierten Strukturen und ihre hierarchische Organisation. Der Aufbau einer Freimaurerloge ist in vielerlei Hinsicht ein Spiegelbild der Werte und Prinzipien, die sie zu bewahren sucht. Diese Strukturen sind nicht zufällig entstanden; sie repräsentieren eine bewusste und durchdachte Anordnung, die den Werten der Freimaurerei entspricht und die Philosophie der Bruderschaft auf eine Weise widerspiegelt, die sowohl die persönliche Entwicklung als auch die Verbundenheit der Mitglieder fördert.

Die Organisation der Freimaurerei gliedert sich in Logen, die als regionale Einheiten fungieren und die Grundbausteine der Freimaurerbruderschaft bilden. Diese Logen sind in verschiedenen Ländern und Regionen tätig, doch alle teilen ähnliche organisatorische Prinzipien und Hierarchien, die ihren Ursprung in den historischen Bauhütten und handwerklichen Gilden des Mittelalters haben. Die Logen, obwohl in ihrer Struktur autonom, unterliegen dennoch den Grundsätzen, die von übergeordneten Großlogen festgelegt werden. Großlogen sind dabei die zentralen Organisationseinheiten, die mehrere regionale Logen zusammenführen und für die Wahrung der freimaurerischen Traditionen und Regeln zuständig sind. Durch diese klare Struktur wird sichergestellt, dass die Werte und Prinzipien der Freimaurerei in allen Logen einheitlich und korrekt angewendet werden.

Ein wesentlicher Bestandteil der freimaurerischen Organisation ist die Einteilung in verschiedene Grade und Ränge. Diese hierarchische Abstufung ist nicht nur eine Formalität, sondern spiegelt die Idee des lebenslangen Lernens und der ständigen Entwicklung wider, die im Zentrum der freimaurerischen Philosophie steht. Traditionell gibt es in den meisten freimaurerischen Systemen drei grundlegende Grade: Lehrling, Geselle und Meister. Diese Grade symbolisieren den Fortschritt und das Wachstum des Einzelnen innerhalb der Bruderschaft. Jeder dieser Grade hat eine eigene Bedeutung und umfasst spezifische Kenntnisse und Fähigkeiten, die ein Freimaurer erwerben muss, um innerhalb der Bruderschaft voranzukommen.

Der Lehrling, als erster Grad, steht symbolisch für den Beginn des freimaurerischen Weges. Er soll lernen, das Wissen und die Lehren der Loge aufzunehmen und die Prinzipien der Freimaurerei zu verstehen. Der Geselle, als zweiter Grad, wird in fortgeschrittenere Aspekte der freimaurerischen Lehren eingeführt und soll sich aktiv an der Arbeit der Loge beteiligen. Schließlich erreicht ein Mitglied den Meistergrad, der als Abschluss und Vollendung der Grundausbildung innerhalb der Freimaurerei gilt. Der Meistergrad steht für die Reife und das Verständnis der Freimaurerideale und befähigt den Freimaurer, selbst eine führende Rolle in der Loge zu übernehmen und sein Wissen an jüngere Brüder weiterzugeben.

Neben den grundlegenden Graden gibt es in der Freimaurerei auch zahlreiche weitere, höherstufige Grade, die als „Hochgradsysteme" bezeichnet werden und sich in verschiedenen Ländern und Systemen unterschiedlich ausgestalten.

Diese höheren Grade bieten eine tiefere und oft philosophischere Interpretation der freimaurerischen Prinzipien und richten sich an jene, die die Grundgrade bereits abgeschlossen haben und ihr Wissen vertiefen möchten. Zu den bekanntesten Hochgradsystemen gehört der sogenannte „Schottische Ritus", der bis zu 33 Grade umfasst und weltweit verbreitet ist. Diese zusätzlichen Grade führen die Freimaurer in weitere philosophische, ethische und esoterische Lehren ein und dienen als Erweiterung der ursprünglichen Logenarbeit.

Eine weitere entscheidende Komponente der Logenorganisation ist die Rolle des Meisters vom Stuhl, der die Leitung einer Loge übernimmt und für die Einhaltung der Regeln und Rituale verantwortlich ist. Der Meister vom Stuhl wird üblicherweise von den Mitgliedern der Loge gewählt und repräsentiert die Loge sowohl nach innen als auch nach außen. Seine Aufgaben umfassen die Organisation der Treffen, die Durchführung der Rituale und die Anleitung der Brüder im Sinne der freimaurerischen Werte. Unterstützt wird der Meister vom Stuhl von weiteren gewählten oder ernannten Beamten, die für spezifische Aufgaben innerhalb der Loge zuständig sind. Dazu gehören unter anderem der Sekretär, der Schatzmeister und der Aufseher, die jeweils eine besondere Rolle in der Organisation der Loge spielen und zur reibungslosen Durchführung der Logenaktivitäten beitragen.

Die Großlogen, die die regionalen Logen vereinen, spielen eine zentrale Rolle in der Struktur der Freimaurerei und bieten eine verbindende Autorität, die die Einhaltung der Prinzipien und die Wahrung der Traditionen sicherstellt. Sie sind für die Erteilung von Logenlizenzen zuständig, die es neuen Logen ermöglicht, offiziell als Teil der Freimaurerbewegung anerkannt zu werden. Jede Großloge ist organisatorisch eigenständig und an nationale oder regionale Besonderheiten angepasst, was zur Vielfalt der Freimaurerei in verschiedenen Ländern führt.

Gleichzeitig pflegen die Großlogen jedoch enge Verbindungen untereinander und respektieren die grundlegenden freimaurerischen Prinzipien, was zur weltweiten Einheit der Freimaurerei beiträgt.

Die Struktur der Freimaurerei zeigt, wie eng die Organisation und die Hierarchie mit den ideellen Grundlagen dieser Bruderschaft verwoben sind. Die Logen bieten ihren Mitgliedern nicht nur eine organisatorische Heimat, sondern schaffen einen Raum, in dem Werte wie Brüderlichkeit, Loyalität und das Streben nach Wissen gelebt werden können. Die Struktur und die klaren Regeln der Freimaurerei ermöglichen es den Mitgliedern, in einem geordneten und respektvollen Rahmen zu wachsen und sich als Teil einer großen Tradition zu fühlen, die weit über die Mauern der Loge hinausreicht. Diese komplexe Organisation verleiht der Freimaurerei ihre Beständigkeit und zeigt, wie die alten Prinzipien auch in der heutigen Zeit in einem geordneten, aber lebendigen Rahmen gepflegt und weitergegeben werden können.

**Die Entwicklung der Logenstrukturen**

Die Entwicklung der Logenstrukturen in der Freimaurerei ist ein wesentlicher Aspekt ihrer Geschichte und stellt die Grundlage für die Organisationsformen dar, die bis heute weltweit Anwendung finden. Die Freimaurerlogen, die ursprünglich aus den Bauhütten der mittelalterlichen Steinmetze hervorgingen, haben im Laufe der Jahrhunderte ein System aus Hierarchien, Rängen und Ritualen entwickelt, das sich von den handwerklichen Strukturen zu einem philosophischen und spirituellen System wandelte. Die Logen dienten nicht nur als Versammlungsorte, sondern auch als Zentren für die Verbreitung freimaurerischer Ideale und ethischer Werte.

Die Art und Weise, wie die Logen strukturiert sind, spiegelt die Prinzipien der Brüderlichkeit, der Toleranz und der Selbstvervollkommnung wider, die die Freimaurerei leiten. In diesem Abschnitt untersuchen wir die historische Entwicklung der Logenstrukturen und wie sie das freimaurerische Verständnis von Gemeinschaft, Führung und persönlichem Fortschritt beeinflusst haben.

Die Ursprünge der freimaurerischen Logenstrukturen lassen sich bis ins Mittelalter zurückverfolgen, als die Bauhütten, die Gemeinschaften der Steinmetze und Handwerker, Orte des Wissens und der handwerklichen Traditionen waren. Diese Bauhütten waren strukturiert und hatten eine klare Hierarchie, die sich aus den drei Graden Lehrling, Geselle und Meister zusammensetzte. Diese Grade waren nicht nur Ausdruck des technischen Könnens, sondern symbolisierten auch den persönlichen und moralischen Fortschritt innerhalb der Gemeinschaft. Diese Struktur bildete das Grundgerüst für die spätere Entwicklung der Freimaurerlogen, in denen die Grade zu Symbolen für den geistigen Weg eines Freimaurers wurden. Die Logen übernahmen diese Organisationsform und erweiterten sie um symbolische und ethische Dimensionen, die den spirituellen und moralischen Fortschritt des Individuums betonten.

Mit dem Beginn der Renaissance und dem Aufkommen des Humanismus kam es zu einer Veränderung in den Bauhütten. Die Logen begannen sich allmählich von den rein handwerklichen Strukturen zu lösen und entwickelten sich zu symbolischen und spekulativen Gemeinschaften. Dieser Wandel wurde durch den Eintritt von „angenommenen" Freimaurern beschleunigt, die keine praktischen Handwerker waren, sondern an den ethischen und philosophischen Lehren der Freimaurerei interessiert waren.

Diese „angenommenen" Mitglieder brachten neue Ideen und
Perspektiven in die Logen und trugen dazu bei, dass die
Logenstrukturen um ein symbolisches und rituelles Element
erweitert wurden. Die Aufnahme dieser Mitglieder führte dazu,
dass sich die Logen von reinen Handwerkergemeinschaften zu
Orten des geistigen Austauschs und der ethischen Reflexion
entwickelten.

Ein bedeutender Schritt in der Entwicklung der freimaurerischen
Logenstrukturen war die Gründung der ersten Großloge in
England im Jahr 1717. Diese Großloge, die als „Grand Lodge of
England" bekannt ist, vereinte vier bestehende Logen und legte
die Grundlage für eine einheitlichere und formalisierte Struktur
der Freimaurerei. Mit der Gründung dieser Großloge wurde die
Freimaurerei in eine neue Phase der Organisation überführt, die
es den Logen ermöglichte, eine verbindliche Satzung und
einheitliche Rituale zu entwickeln. Die Einführung einer Großloge
schuf eine übergeordnete Instanz, die für die Einhaltung der
freimaurerischen Prinzipien sorgte und sicherstellte, dass die
Logen in England und später weltweit nach den gleichen
grundlegenden Regeln und Strukturen arbeiteten. Die Großloge
war damit nicht nur eine Verwaltungsinstanz, sondern auch ein
Symbol für die Einheit und die gemeinsamen Werte der
Freimaurerei.

Die Struktur der Logen bestand und besteht aus verschiedenen
Ebenen der Mitgliedschaft, die als Grade bezeichnet werden und
den Fortschritt eines Freimaurers auf seinem Weg zur
persönlichen und spirituellen Vervollkommnung symbolisieren.
Die grundlegenden Grade – Lehrling, Geselle und Meister –
repräsentieren dabei verschiedene Entwicklungsstufen, die der
Freimaurer durchläuft.

Der Lehrlingsgrad steht für den Eintritt in die Gemeinschaft und die Aufnahme des ersten Wissens, der Gesellengrad für das vertiefte Verständnis und die aktive Teilnahme am Logenleben, und der Meistergrad symbolisiert die höchste Ebene der Weisheit und Verantwortung, die ein Freimaurer erreichen kann. Die Einführung dieser Grade schuf eine Struktur, die den Mitgliedern nicht nur Orientierung bot, sondern auch eine Form des persönlichen Wachstums und der Selbstverwirklichung ermöglichte.

Die Etablierung von Großlogen und die Festlegung einheitlicher Grade förderte die Entstehung weiterer Logen weltweit und legte den Grundstein für die Verbreitung der Freimaurerei in anderen Ländern und Kulturen. Die Logenstrukturen und das System der Großlogen wurden zu einem Modell, das auch in anderen Teilen der Welt übernommen wurde. In Schottland, Irland, Frankreich und Deutschland wurden ebenfalls Großlogen gegründet, die sich teilweise an die Strukturen der Grand Lodge of England anlehnten, aber auch eigene, kulturell angepasste Elemente einbrachten. Diese Internationalisierung der Freimaurerei führte dazu, dass die Logenstrukturen eine Brücke zwischen verschiedenen Kulturen und Gesellschaften bildeten und die Freimaurerei zu einer weltweiten Bruderschaft machten, die trotz kultureller Unterschiede gemeinsame Prinzipien und Werte teilt.

Die Logenstrukturen entwickelten sich jedoch nicht nur in Bezug auf die Mitgliedsgrade und die Großlogen, sondern umfassten auch verschiedene Ämter und Positionen, die innerhalb der Logen eingerichtet wurden. Diese Ämter, wie der Meister vom Stuhl, der Sekretär, der Schatzmeister und die Aufseher, sind für den ordnungsgemäßen Ablauf der Logenarbeit und die Einhaltung der freimaurerischen Regeln und Rituale zuständig.

Der Meister vom Stuhl, auch als Logenmeister bekannt, ist der Vorsitzende der Loge und trägt die Verantwortung für die Leitung der Treffen und die Vermittlung der freimaurerischen Lehren. Die Aufseher unterstützen den Meister vom Stuhl und sind für die Ausbildung der Lehrlinge und Gesellen zuständig. Diese Struktur von Ämtern und Zuständigkeiten spiegelt das freimaurerische Prinzip der Verantwortung und des Dienens wider, bei dem jedes Mitglied einen Beitrag zum Wohle der Gemeinschaft leistet.

Eine weitere bedeutende Entwicklung in den Logenstrukturen der Freimaurerei war die Einführung sogenannter Hochgradsysteme, die es den Freimaurern ermöglichen, über die grundlegenden Grade hinaus weiterführende Grade zu erlangen. Diese Hochgradsysteme, wie beispielsweise der Schottische Ritus, umfassen bis zu 33 Grade und bieten den Mitgliedern eine tiefere Auseinandersetzung mit den philosophischen, spirituellen und ethischen Prinzipien der Freimaurerei. Die Hochgradsysteme entstanden im 18. Jahrhundert und fanden insbesondere in Frankreich und den Vereinigten Staaten Verbreitung. Sie schufen eine neue Dimension innerhalb der freimaurerischen Logenstrukturen und boten den Mitgliedern die Möglichkeit, ihr Wissen und ihre Weisheit zu vertiefen und sich intensiver mit den Werten und Symbolen der Freimaurerei auseinanderzusetzen.

Die Entwicklung der Logenstrukturen ist somit ein Spiegelbild des Wandels der Freimaurerei von einer handwerklichen Gemeinschaft zu einer ethisch-philosophischen Bruderschaft, die auf den Prinzipien der Brüderlichkeit, der Toleranz und des Strebens nach Wissen basiert. Die Logenstrukturen schaffen nicht nur einen organisatorischen Rahmen für die Arbeit und die Treffen der Freimaurer, sondern auch eine symbolische Ordnung, die den inneren Weg des Freimaurers auf seinem Weg zur Selbsterkenntnis und moralischen Reife unterstützt.

Die Einführung von Großlogen, die Festlegung von
Mitgliedsgraden, die Schaffung von Ämtern und die Entwicklung
von Hochgradsystemen sind zentrale Elemente, die die
Freimaurerei bis heute prägen und ihr eine stabile und zugleich
flexible Struktur verleihen, die sowohl traditionelle Werte als auch
die Anpassung an moderne Herausforderungen ermöglicht.

Die Logenstrukturen der Freimaurerei sind daher mehr als nur
organisatorische Rahmenbedingungen; sie sind Ausdruck eines
ethischen und spirituellen Systems, das den Einzelnen in den
Mittelpunkt stellt und ihm die Möglichkeit gibt, sich als Teil einer
größeren Gemeinschaft zu verwirklichen. Die historische
Entwicklung dieser Strukturen zeigt, wie die Freimaurerei sich an
gesellschaftliche Veränderungen anpassen konnte, ohne ihre
grundlegenden Prinzipien aufzugeben. Die Logen bieten den
Freimaurern einen Ort, an dem sie ihre Ideale und Werte leben
und weitergeben können, und schaffen gleichzeitig einen Raum
für den Austausch und das gemeinsame Lernen.

## Der Aufbau der Großlogen und ihre Bedeutung

Die Großlogen stellen das Herzstück der organisatorischen
Struktur der Freimaurerei dar und sind von zentraler Bedeutung
für die Wahrung ihrer Traditionen, Werte und Prinzipien.
Großlogen fungieren als übergeordnete Körperschaften, die eine
Vielzahl von regionalen Logen vereinen und die Einheit und
Konsistenz der freimaurerischen Arbeit sicherstellen. Die
Etablierung der ersten Großloge im Jahr 1717 in England
markierte einen bedeutenden Meilenstein in der Geschichte der
Freimaurerei und brachte eine Struktur hervor, die sich bis heute
weltweit bewährt hat.

Durch die Bildung von Großlogen wurde ein verbindlicher
Rahmen geschaffen, in dem die freimaurerischen Prinzipien und
Rituale in geordneter und einheitlicher Weise weitergegeben und
gewahrt werden können. In diesem Unterkapitel werfen wir einen
Blick auf den Aufbau und die Funktion der Großlogen und
beleuchten ihre Bedeutung für die Organisation und den
Fortbestand der Freimaurerei.

Die erste Großloge, die „Grand Lodge of England", entstand zu
einer Zeit, als die Freimaurerei eine Phase des Umbruchs durchlief
und sich von einer rein handwerklichen Gemeinschaft zu einer
symbolischen und philosophischen Bruderschaft entwickelte. Die
Gründung der Großloge hatte das Ziel, die verschiedenen Logen
Englands unter einer gemeinsamen Führung zu vereinen und
einheitliche Regeln und Rituale für die gesamte Freimaurerei
festzulegen. Bis dahin hatten die Logen autonom agiert, und es
gab kaum übergreifende Richtlinien für ihre Arbeit. Die
Einführung einer Großloge als zentrale Instanz ermöglichte es,
eine verbindliche Satzung zu schaffen, die die wesentlichen
Prinzipien und Regeln für alle Logen festlegte. Dadurch entstand
ein einheitlicher Rahmen, der es den Logen ermöglichte, ihre
Arbeit in Übereinstimmung mit den gemeinsamen
freimaurerischen Werten zu organisieren und gleichzeitig eine
starke und kohärente Gemeinschaft zu bilden.

Der Aufbau einer Großloge ist hierarchisch strukturiert und
umfasst verschiedene Ämter und Positionen, die jeweils
spezifische Aufgaben und Verantwortungen haben. An der Spitze
der Großloge steht der Großmeister, der als höchster Vertreter der
Freimaurer in seiner Region fungiert. Der Großmeister wird in der
Regel durch die Mitglieder der Großloge gewählt und trägt die
Verantwortung für die Einhaltung der freimaurerischen
Prinzipien und die Leitung der Großlogenversammlungen.

Er ist nicht nur eine administrative Figur, sondern auch ein Symbol für die moralische Integrität und die Werte, die die Freimaurerei ausmachen. In der Ausübung seines Amtes wird der Großmeister von anderen Würdenträgern unterstützt, darunter die Großaufseher, der Großsekretär, der Großschatzmeister und andere Funktionsträger, die für die Organisation und Verwaltung der Logenarbeit zuständig sind.

Ein besonders wichtiges Amt innerhalb der Großloge ist das des Großsekretärs, der die Kommunikation zwischen der Großloge und den regionalen Logen koordiniert und sicherstellt, dass alle Logen in Übereinstimmung mit den Richtlinien der Großloge arbeiten. Der Großsekretär ist auch für die Verwaltung der Mitgliederlisten und die Dokumentation der freimaurerischen Aktivitäten verantwortlich. Diese Rolle ist entscheidend, um die Einheit und Kohärenz innerhalb der Freimaurerei zu bewahren und eine klare Verbindung zwischen den einzelnen Logen und der Großloge herzustellen. Der Großschatzmeister hingegen ist für die finanziellen Belange der Großloge zuständig und verwaltet die Gelder, die zur Unterstützung der Logenarbeit und für wohltätige Zwecke verwendet werden. Diese Positionen innerhalb der Großloge sind nicht nur organisatorische Funktionen, sondern repräsentieren auch das Prinzip der Verantwortung und der Fürsorge, das in der Freimaurerei von großer Bedeutung ist.

Die Bedeutung der Großlogen geht jedoch über ihre administrative Rolle hinaus. Großlogen sind auch die Hüter der freimaurerischen Traditionen und stellen sicher, dass die Lehren und Rituale der Freimaurerei in authentischer Weise weitergegeben werden. Sie wachen über die Einhaltung der „Alten Pflichten" und der freimaurerischen Regeln, die die ethischen und moralischen Standards der Freimaurerei definieren.

Die Großlogen sind daher auch für die Ausbildung und Erziehung der Mitglieder verantwortlich und fördern die Werte der Brüderlichkeit, Toleranz und das Streben nach Wissen. Durch regelmäßige Treffen und Versammlungen, die sogenannte „Großlogentage", schaffen sie einen Rahmen, in dem sich Freimaurer aus verschiedenen Logen austauschen, voneinander lernen und die gemeinsame Arbeit an den freimaurerischen Idealen fortsetzen können.

Ein weiterer zentraler Aspekt der Großlogen ist ihre Rolle in der Aufnahme neuer Mitglieder und der Gründung neuer Logen. Die Großloge prüft die Anträge auf Aufnahme neuer Logen und verleiht ihnen bei positiver Entscheidung eine offizielle Anerkennung. Diese Anerkennung ist von großer Bedeutung, da sie die Legitimität und Authentizität der neu gegründeten Loge bestätigt und sicherstellt, dass sie in Übereinstimmung mit den Prinzipien der Freimaurerei arbeitet. Die Großloge überwacht die Arbeit der Logen und stellt sicher, dass die neu gegründeten Logen in den freimaurerischen Kontext integriert und mit den erforderlichen Lehren und Ritualen vertraut gemacht werden. Durch diese Aufsichtsfunktion tragen die Großlogen zur Kontinuität und Stabilität der Freimaurerei bei und sorgen dafür, dass die Grundprinzipien der Bruderschaft auch in zukünftigen Generationen gewahrt bleiben.

Die Großlogen spielen auch eine wichtige Rolle in der internationalen Vernetzung der Freimaurerei. Sie pflegen Beziehungen zu anderen Großlogen in verschiedenen Ländern und fördern den interkulturellen Austausch und die Zusammenarbeit zwischen Freimaurern weltweit.

Dieser internationale Austausch ermöglicht es den Freimaurern, über nationale Grenzen hinweg Kontakte zu knüpfen und die freimaurerischen Werte und Ideale in einem globalen Kontext zu verbreiten. Die Großlogen arbeiten dabei eng zusammen und erkennen sich gegenseitig an, um die Einheit und die gemeinsamen Ziele der Freimaurerei zu stärken. Diese internationale Vernetzung trägt dazu bei, die Freimaurerei als eine weltweite Bruderschaft zu etablieren, die kulturelle Unterschiede respektiert und gleichzeitig auf gemeinsamen Werten und Prinzipien beruht.

Insgesamt ist der Aufbau und die Bedeutung der Großlogen ein entscheidender Faktor für das Verständnis der organisatorischen Struktur und der ethischen Grundlagen der Freimaurerei. Die Großlogen bieten einen stabilen Rahmen, der es den Freimaurern ermöglicht, ihre Rituale und Lehren in einer geordneten und einheitlichen Weise zu praktizieren, und schaffen eine Gemeinschaft, die auf Brüderlichkeit, Toleranz und der Suche nach Weisheit basiert. Sie dienen nicht nur als administrative Institutionen, sondern auch als Hüter und Förderer der freimaurerischen Werte, die ihre Mitglieder auf ihrem Weg der ethischen und spirituellen Vervollkommnung begleiten. Die Großlogen verkörpern das Streben der Freimaurerei nach einer Gemeinschaft, die nicht nur in ihrer Struktur, sondern auch in ihren Idealen geeint ist und die Verantwortung und Integrität als ihre höchsten Prinzipien ansieht.

## Die Hierarchien: Lehrlinge, Gesellen und Meister

Die Struktur der Freimaurerei basiert auf einem hierarchischen System von drei grundlegenden Graden: Lehrling, Geselle und Meister. Diese Hierarchie bildet nicht nur das Rückgrat der organisatorischen Struktur innerhalb der Logen, sondern dient auch als symbolischer Weg der persönlichen und ethischen Entwicklung für jedes Mitglied. Die Grade repräsentieren die verschiedenen Stufen des Wissens, der Erfahrung und der Verantwortung, die ein Freimaurer auf seinem Weg innerhalb der Bruderschaft erlangt. Dieses Stufensystem der Freimaurerei hat seinen Ursprung in den handwerklichen Traditionen der mittelalterlichen Bauhütten, in denen die Mitgliedschaft in ähnliche Grade eingeteilt war. Durch die Übernahme dieser Struktur in die spekulative Freimaurerei erhielten die Grade jedoch eine tiefere symbolische und philosophische Bedeutung, die den Freimaurern auf ihrem Weg zur Selbsterkenntnis und moralischen Reife Orientierung und Anleitung bietet. In diesem Abschnitt wird die Bedeutung und Funktion jedes dieser Grade ausführlich beschrieben, um ein tieferes Verständnis der freimaurerischen Hierarchien zu vermitteln.

Der erste Grad, der Lehrling, stellt den Eintritt in die Freimaurerei dar. Wenn ein neues Mitglied in eine Loge aufgenommen wird, beginnt es seine freimaurerische Reise als Lehrling. Dieser Grad symbolisiert den Anfang eines Weges des Lernens und der inneren Entwicklung und betont die Offenheit und das Streben nach Wissen, das jedes Mitglied charakterisieren sollte. Der Lehrling wird in die grundlegenden Werte und Prinzipien der Freimaurerei eingeführt, darunter Brüderlichkeit, Toleranz und das Streben nach moralischer Integrität.

In dieser Phase wird ihm die Bedeutung der freimaurerischen Symbole, wie das Winkelmaß und der Zirkel, nahegebracht, die nicht nur Werkzeuge des Handwerks, sondern auch Symbole der ethischen und moralischen Lehren der Freimaurerei sind. Der Grad des Lehrlings ist geprägt von einer gewissen Zurückhaltung, die den Lehrling dazu anregt, aufmerksam zu beobachten, zuzuhören und von den erfahreneren Brüdern zu lernen. In dieser Phase stehen Selbstdisziplin und Selbstreflexion im Vordergrund, da der Lehrling angehalten wird, seine Gedanken und Handlungen zu hinterfragen und sich auf die moralischen Prinzipien der Freimaurerei auszurichten.

Nach einer Zeit des Lernens und der persönlichen Entwicklung hat der Lehrling die Möglichkeit, in den Grad des Gesellen aufgenommen zu werden. Der Gesellen-Grad stellt die nächste Stufe in der freimaurerischen Hierarchie dar und symbolisiert das vertiefte Verständnis und die erweiterte Verantwortung, die der Freimaurer in der Gemeinschaft übernimmt. In dieser Phase wird das Mitglied dazu angeregt, aktiv an der Arbeit der Loge teilzunehmen und sich stärker in die gemeinschaftlichen Aktivitäten einzubringen. Der Gesellen-Grad stellt eine Brücke zwischen der anfänglichen Ausbildung des Lehrlings und der Weisheit des Meisters dar und fördert das Verständnis für die tieferliegenden Bedeutungen der freimaurerischen Symbole und Rituale. Der Geselle lernt, wie die freimaurerischen Lehren nicht nur in der Loge, sondern auch im täglichen Leben angewendet werden können, und wird dazu ermutigt, diese Prinzipien im Umgang mit anderen anzuwenden.

Der Grad des Gesellen repräsentiert den Übergang vom bloßen
Lernen zur aktiven Umsetzung der freimaurerischen Ideale und
fordert von dem Mitglied ein höheres Maß an persönlicher
Verantwortung und ethischem Bewusstsein.

Der höchste der drei Grade in der freimaurerischen Hierarchie ist
der Meister-Grad, der als Krönung der grundlegenden
freimaurerischen Ausbildung gilt. Der Meister ist ein Mitglied, das
nicht nur das Wissen und die Fähigkeiten eines Freimaurers
beherrscht, sondern auch die ethischen und spirituellen Lehren
der Freimaurerei in seiner Persönlichkeit integriert hat. Der
Meister-Grad ist das Symbol für die Vervollkommnung des
Individuums und die Erreichung eines Zustands der Weisheit und
moralischen Reife. Mit dem Eintritt in den Meister-Grad
übernimmt das Mitglied eine führende Rolle innerhalb der Loge
und trägt die Verantwortung, die jüngeren Mitglieder in ihrer
Entwicklung zu unterstützen und das Wissen und die Traditionen
der Freimaurerei zu bewahren. Der Meister-Grad ist
gekennzeichnet durch Rituale und Symbole, die tiefere Einsichten
in das Wesen der Freimaurerei vermitteln und die
Auseinandersetzung mit den Grundfragen der menschlichen
Existenz fördern. Die symbolische Bedeutung dieses Grades geht
über das Wissen und die Praktiken der Freimaurerei hinaus und
umfasst die Weisheit und die Einsicht, die ein Freimaurer im Laufe
seines Lebens erworben hat.

Die drei Grade der Freimaurerei – Lehrling, Geselle und Meister –
haben somit eine doppelte Funktion. Zum einen strukturieren sie
die Hierarchie innerhalb der Logen und geben den Mitgliedern
eine klare Orientierung über ihre Position und ihre Aufgaben.

Zum anderen dienen sie als Stufen eines inneren und symbolischen Weges, der den Freimaurer durch verschiedene Phasen der Selbsterkenntnis, der moralischen Entwicklung und des persönlichen Wachstums führt. Jeder Grad bringt neue Lehren und Herausforderungen mit sich, die das Mitglied auf seinem Weg zur Vervollkommnung begleiten und fördern. Die Hierarchie der Freimaurerei ist daher nicht nur ein organisatorisches Instrument, sondern ein tiefgründiges Symbol für den ethischen und spirituellen Fortschritt des Individuums.

Die Hierarchien der Freimaurerei sind eng mit den Ritualen verbunden, die den Übergang von einem Grad zum nächsten begleiten. Jedes Ritual ist sorgfältig konzipiert, um die Lehren und Werte des jeweiligen Grades zu vermitteln und das Mitglied auf die neue Verantwortung und die neuen Einsichten vorzubereiten, die mit dem Erreichen des nächsten Grades verbunden sind. Die Rituale dienen dazu, das Bewusstsein für die ethischen Prinzipien der Freimaurerei zu schärfen und das Mitglied dazu anzuregen, diese Prinzipien in seinem täglichen Leben anzuwenden. Der Übergang von einem Grad zum nächsten ist daher nicht nur eine formelle Angelegenheit, sondern ein bedeutungsvoller Schritt auf dem Weg des persönlichen Wachstums und der Selbstvervollkommnung.

Insgesamt spiegelt die Hierarchie der Freimaurerei die Überzeugung wider, dass ethische und spirituelle Entwicklung eine schrittweise und fortwährende Reise ist. Die Grade Lehrling, Geselle und Meister repräsentieren verschiedene Aspekte dieses Weges und geben dem Mitglied eine klare Struktur und Orientierung. Durch die Hierarchien wird jedem Freimaurer die Möglichkeit gegeben, sich in seinem eigenen Tempo und entsprechend seinen eigenen Überzeugungen und Fähigkeiten zu entwickeln.

Die Freimaurerei stellt jedem Mitglied einen Rahmen zur Verfügung, in dem es seine moralische Integrität, seine ethische Verantwortung und seine Weisheit vertiefen kann. Die Hierarchie der Freimaurerei ist daher nicht nur eine organisatorische Struktur, sondern ein Weg der Selbstfindung, der das Leben eines Freimaurers bereichert und ihm eine lebenslange Quelle der Inspiration und der Orientierung bietet.

## Frauen in der Freimaurerei: Sonderlogen und Debatten

Die Rolle von Frauen in der Freimaurerei ist seit jeher ein kontroverses Thema, das über Jahrhunderte hinweg Diskussionen und Debatten ausgelöst hat. Die Freimaurerei, die aus den mittelalterlichen Bauhütten und Steinmetzgilden hervorgegangen ist, war ursprünglich eine reine Männergemeinschaft. Die strikte Trennung der Geschlechter innerhalb der Freimaurerei hat historische und kulturelle Ursprünge, die auf die strukturellen und gesellschaftlichen Bedingungen der damaligen Zeit zurückzuführen sind. Doch im Laufe der Jahrhunderte, insbesondere seit dem 19. Jahrhundert, begannen sich die gesellschaftlichen Ansichten über Geschlechterrollen zu verändern, und die Frage nach der Integration von Frauen in die Freimaurerei rückte zunehmend in den Vordergrund. In diesem Unterkapitel beleuchten wir die Entwicklung der sogenannten Frauenlogen, die Rolle von Frauen in der Freimaurerei und die Debatten, die dieses Thema innerhalb und außerhalb der Bruderschaft begleitet haben.

Historisch gesehen waren die Mitgliedschaft und die Riten der Freimaurerei ausschließlich Männern vorbehalten. Die frühesten freimaurerischen Organisationen und die ersten Großlogen, die im 18. Jahrhundert entstanden, sahen die Freimaurerei als eine Bruderschaft, die Männern ein Refugium zur Selbstvervollkommnung, zum Gedankenaustausch und zur geistigen Entwicklung bot. Die gesellschaftlichen Strukturen jener Zeit, in denen Frauen weitgehend von öffentlichen und beruflichen Aktivitäten ausgeschlossen waren, spiegelten sich auch in der Freimaurerei wider. Der Begriff „Brüderlichkeit", der als zentrales Prinzip der Freimaurerei gilt, war buchstäblich gemeint und schloss Frauen von der Mitgliedschaft in den regulären Logen aus. Dies führte dazu, dass die Freimaurerei sich als eine geschlossene Gemeinschaft entwickelte, die bis heute in vielen Ländern Männer- und Frauenlogen getrennt hält.

Im späten 19. Jahrhundert führte die Frauenrechtsbewegung zu einer verstärkten Diskussion über die Rolle von Frauen in der Gesellschaft, und diese Fragen drangen auch in die Freimaurerei vor. Erste Versuche, Frauen an freimaurerischen Aktivitäten teilhaben zu lassen, führten zur Gründung sogenannter „adoptiver Logen", die als Sonderlogen für Frauen galten und in gewisser Weise an die männlichen Logen angegliedert waren. Diese adoptiven Logen boten Frauen die Möglichkeit, freimaurerische Werte und Prinzipien kennenzulernen, ohne formell Mitglied in den traditionellen Männerlogen zu werden. Ein bekanntes Beispiel hierfür ist die Loge „Les Loges d'Adoption", die in Frankreich im 18. Jahrhundert entstand und Frauen eine freimaurerische Ausbildung ermöglichte, allerdings unter Aufsicht und Führung der männlichen Logen. Diese adoptiven Logen waren jedoch umstritten und wurden von vielen Freimaurern als unvollständiger Ersatz angesehen, da sie Frauen keine vollwertige Mitgliedschaft und keine Aufnahme in die regulären Grade der Freimaurerei ermöglichten.

Mit der Zeit entstanden in verschiedenen Ländern Logen und
Organisationen, die Frauen eine gleichwertige Mitgliedschaft
ermöglichten und die grundlegenden Prinzipien der Freimaurerei
auf eine inklusive Weise interpretierten. In Frankreich und
Großbritannien entstanden Ende des 19. und Anfang des 20.
Jahrhunderts erste unabhängige Frauenlogen, die als Reaktion auf
das zunehmende Interesse von Frauen an der Freimaurerei
gegründet wurden. Eine der bekanntesten Organisationen ist „Le
Droit Humain", ein gemischter freimaurerischer Ritus, der sowohl
Männer als auch Frauen aufnimmt und Gleichberechtigung
innerhalb der Logen fördert. „Le Droit Humain" wurde 1893 in
Frankreich gegründet und war eine der ersten Organisationen, die
es Männern und Frauen ermöglichten, auf gleicher Ebene an
freimaurerischen Aktivitäten teilzunehmen. Diese Logenstruktur
bot Frauen die Möglichkeit, die symbolischen und ethischen
Lehren der Freimaurerei in vollem Umfang zu erfahren und die
Grade der Freimaurerei ebenso wie ihre männlichen Brüder zu
durchlaufen.

Trotz dieser Entwicklungen bleiben in vielen Ländern die
traditionellen Großlogen nach wie vor strikt männerbündisch. Die
Regularität, also die Anerkennung einer Loge als „echte"
freimaurerische Organisation, ist ein entscheidendes Kriterium in
der Freimaurerei, und viele der traditionellen Großlogen
erkennen Frauenlogen und gemischte Logen nicht an. Diese
Position führt in der internationalen Freimaurerei immer wieder
zu Spannungen, insbesondere in Ländern, in denen Frauenlogen
aktiv und etabliert sind. Die Großlogen von England, Schottland
und anderen Ländern mit traditioneller Freimaurerei halten an
der Exklusivität der Männermitgliedschaft fest und sehen sich als
Hüter der ursprünglichen freimaurerischen Prinzipien.

Sie argumentieren, dass die Freimaurerei in ihrer ursprünglichen Form eine Bruderschaft ist, die auf den Prinzipien der mittelalterlichen Bauhütten basiert, und dass eine Veränderung dieses Modells die Integrität der Freimaurerei gefährden würde.

Gegner dieser Haltung argumentieren, dass die Werte der Freimaurerei – insbesondere Toleranz, Brüderlichkeit und das Streben nach Wissen – universelle Prinzipien sind, die Geschlechtergrenzen überwinden sollten. Sie sehen die Integration von Frauen als eine natürliche Weiterentwicklung, die den Grundsätzen der Freimaurerei entspricht und die Bruderschaft in eine moderne, inklusive Gemeinschaft verwandelt. Anhänger gemischter und Frauenlogen betonen, dass die Freimaurerei sich stets den gesellschaftlichen Veränderungen angepasst hat und die Aufnahme von Frauen in Logen ein Ausdruck dieser Anpassungsfähigkeit ist. Sie betrachten die Integration von Frauen als eine Bereicherung der freimaurerischen Traditionen, die die Werte und Prinzipien der Bruderschaft auf eine neue, inklusive Ebene hebt.

Die Diskussion über die Rolle von Frauen in der Freimaurerei ist daher auch eine Diskussion über die Frage, wie die Freimaurerei ihre Traditionen bewahren und gleichzeitig modern und relevant bleiben kann. In Ländern wie Frankreich und den Vereinigten Staaten hat sich eine vielfältige Landschaft von freimaurerischen Organisationen entwickelt, die sowohl Frauenlogen als auch gemischte Logen umfasst. Diese Organisationen arbeiten oft unabhängig von den traditionellen Großlogen und bieten Frauen die Möglichkeit, vollwertige Mitglieder der Freimaurerei zu sein und die gleichen Grade und Ämter wie ihre männlichen Kollegen zu erreichen. Gleichzeitig bemühen sich einige dieser Organisationen um gegenseitige Anerkennung und Zusammenarbeit mit den traditionellen Großlogen, um eine harmonische Koexistenz zu fördern.

Zusammengefasst bleibt die Frage nach Frauen in der Freimaurerei ein vielschichtiges und kontroverses Thema. Während in vielen Ländern noch immer traditionelle Männerlogen die Regel sind, gibt es heute eine Vielzahl von alternativen Logenstrukturen, die Frauen entweder exklusiv oder gemeinsam mit Männern ein freimaurerisches Zuhause bieten. Die Sonderlogen für Frauen und die Entwicklung gemischter Logen zeigen, dass die Freimaurerei bestrebt ist, auf die gesellschaftlichen Veränderungen zu reagieren und Frauen eine Möglichkeit zu bieten, an den ethischen und spirituellen Werten der Bruderschaft teilzuhaben. Die Debatte über die Rolle von Frauen in der Freimaurerei wirft grundlegende Fragen über die Natur und die Zukunft der Bruderschaft auf und zeigt, wie die Freimaurerei zwischen Tradition und Modernität navigiert, um ihren Platz in einer sich wandelnden Gesellschaft zu finden.

**Internationale Freimaurerverbände und ihr Einfluss**

Die Freimaurerei ist heute eine weltweite Bewegung mit Millionen von Mitgliedern, die über Kontinente, Kulturen und Sprachen hinweg miteinander verbunden sind. Diese internationale Gemeinschaft wird durch eine Vielzahl von Freimaurerverbänden und Großlogenstrukturen organisiert, die sowohl die Einhaltung gemeinsamer Prinzipien gewährleisten als auch den interkulturellen Austausch und die Vernetzung zwischen Freimaurern fördern. Die internationalen Freimaurerverbände haben im Laufe der Zeit erheblichen Einfluss auf die Weiterentwicklung und Modernisierung der Freimaurerei genommen und tragen dazu bei, die Prinzipien der Brüderlichkeit, Toleranz und Aufklärung auf globaler Ebene zu verbreiten.

Dieses Unterkapitel beleuchtet die bedeutendsten internationalen Freimaurerverbände, ihre Strukturen und den Einfluss, den sie auf die Freimaurerei und die Gesellschaft insgesamt ausüben.

Der erste bedeutende Schritt zur Internationalisierung der Freimaurerei begann im Jahr 1717 mit der Gründung der ersten Großloge in England, die unter dem Namen „Grand Lodge of England" bekannt wurde. Diese Großloge diente als Modell für die Freimaurerei in anderen Ländern und legte die Grundsteine für die Etablierung eines weltweiten Netzwerkes von Großlogen, die in ihrer Struktur und ihren Ritualen weitgehend einheitlich arbeiteten. Die Grand Lodge of England entwickelte sich im Laufe der Jahre zu einem bedeutenden Zentrum der Freimaurerei, das weltweit respektiert wurde und dessen Einfluss bis heute spürbar ist. Sie förderte nicht nur die Gründung neuer Logen in Großbritannien, sondern auch in den Kolonien und auf dem europäischen Festland. Dieser Prozess führte zur Entstehung vieler weiterer Großlogen, die sich an den Prinzipien und Ritualen der englischen Freimaurerei orientierten und somit die Verbreitung eines gemeinsamen freimaurerischen Kodexes über kulturelle und sprachliche Grenzen hinweg ermöglichten.

Ein weiterer wichtiger Verband der internationalen Freimaurerei ist die „United Grand Lodge of England" (UGLE), die als direkte Nachfolgerin der ursprünglichen Grand Lodge of England fungiert. Die UGLE ist bis heute eine der einflussreichsten Großlogen weltweit und gilt als Hüterin der traditionellen und regulären Freimaurerei. Ihr Einfluss auf die internationale Freimaurerei ist insbesondere in den ehemaligen britischen Kolonien stark ausgeprägt, wo sie viele nationale Großlogen unterstützte und förderte. Die UGLE hat sich stets für die Wahrung der sogenannten „Regularität" eingesetzt, die bestimmte Voraussetzungen und Prinzipien für die Anerkennung von Logen und Großlogen festlegt. Dazu gehören unter anderem der Glaube an ein Höheres Wesen und die Verpflichtung zur Verschwiegenheit. Die strenge Einhaltung dieser Kriterien hat zur Entstehung eines globalen Netzwerks regulärer Freimaurerlogen geführt, die sich an den gemeinsamen Grundsätzen orientieren und von der UGLE anerkannt sind. Diese Regularität ist ein zentrales Element der Freimaurerei und stellt sicher, dass die Mitglieder weltweit auf eine gemeinsame Wertebasis zurückgreifen können.

Ein weiterer bedeutender internationaler Verband ist der „Grand Orient de France" (GOdF), der sich 1773 in Frankreich gründete und sich von Anfang an als liberalere Alternative zur englischen Freimaurerei verstand. Der Grand Orient de France legte weniger Wert auf religiöse Dogmen und forderte keine Verpflichtung zum Glauben an ein Höheres Wesen. Diese Abweichung von den traditionellen Regularitätskriterien führte zu Spannungen zwischen dem Grand Orient de France und den englischen Großlogen, die den GOdF als „irregulär" betrachteten und daher keine Anerkennung gewährten.

Dennoch entwickelte sich der GOdF zu einem wichtigen Zentrum der Freimaurerei in Europa und hatte insbesondere in Frankreich und den romanischsprachigen Ländern einen starken Einfluss. Der Grand Orient de France förderte die Idee einer rationalen, aufklärerischen Freimaurerei, die sich stärker auf ethische und soziale Fragen konzentrierte und die Trennung von Kirche und Staat betonte. Diese liberalen Ansichten und der Fokus auf gesellschaftliche Reformen führten dazu, dass der GOdF eine wichtige Rolle in der Geschichte der Freimaurerei spielte und viele moderne freimaurerische Prinzipien beeinflusste.

Die Entwicklung und Verbreitung gemischter und Frauenlogen führte im 20. Jahrhundert zur Entstehung weiterer internationaler Freimaurerverbände, die sich auf Gleichberechtigung und Geschlechtervielfalt konzentrieren. Ein bekannter Verband in diesem Bereich ist „Le Droit Humain", der 1893 in Frankreich gegründet wurde und sich durch die Aufnahme sowohl von Männern als auch Frauen auszeichnet. Le Droit Humain wurde als Reaktion auf die traditionelle Männerexklusivität der Freimaurerei ins Leben gerufen und setzte sich für eine gemischte Mitgliedschaft und die Gleichberechtigung der Geschlechter ein. Der Einfluss dieses Verbandes hat sich weltweit ausgeweitet, und heute ist Le Droit Humain in vielen Ländern präsent. Die Arbeit des Verbandes spiegelt den globalen Trend zu mehr Gleichberechtigung und Vielfalt in der Freimaurerei wider und hat dazu beigetragen, die Freimaurerei für neue Zielgruppen und moderne gesellschaftliche Entwicklungen zu öffnen. Der Verband betont die universellen Werte der Freimaurerei und zeigt, dass die Bruderschaft in der Lage ist, auf die Herausforderungen einer sich wandelnden Gesellschaft einzugehen.

Neben diesen großen Verbänden gibt es auch kleinere internationale Freimaurerorganisationen, die eine spezifische Ausrichtung oder Philosophie verfolgen. Dazu gehört beispielsweise der „Scottish Rite", ein Hochgradsystem, das seinen Ursprung in Frankreich hat und weltweit verbreitet ist. Der Schottische Ritus bietet Freimaurern die Möglichkeit, sich über die grundlegenden Grade hinaus weiterzubilden und tiefere Einblicke in die philosophischen und ethischen Lehren der Freimaurerei zu erhalten. Der Schottische Ritus hat in Nord- und Südamerika sowie in Europa eine starke Präsenz und prägt die Arbeit vieler Freimaurerlogen, die ihre Mitglieder durch die symbolischen Grade bis hin zu höheren Stufen begleiten. Der Einfluss des Scottish Rite auf die internationale Freimaurerei liegt insbesondere in der Bereitstellung eines strukturierten und umfassenden Lehrsystems, das die ethischen und philosophischen Werte der Freimaurerei vertieft.

Die internationalen Freimaurerverbände spielen auch eine wichtige Rolle bei der Pflege diplomatischer Beziehungen zwischen den verschiedenen Großlogen und Logen weltweit. Der Austausch zwischen den Verbänden fördert die Zusammenarbeit und den Dialog und ermöglicht es den Mitgliedern, von den Erfahrungen und Perspektiven anderer Logen zu lernen. Internationale Treffen und Konferenzen bieten den Freimaurern die Möglichkeit, sich über kulturelle und nationale Grenzen hinweg zu vernetzen und ein Verständnis für die Vielfalt innerhalb der Bruderschaft zu entwickeln. Diese Treffen tragen dazu bei, die Einheit der Freimaurerei zu stärken und die gemeinsamen Werte zu betonen, die die Freimaurer weltweit miteinander verbinden. Die internationalen Freimaurerverbände setzen sich dafür ein, dass die Freimaurerei trotz ihrer unterschiedlichen Ausprägungen und Traditionen eine kohärente und harmonische Gemeinschaft bleibt, die auf gemeinsamen ethischen und moralischen Prinzipien beruht.

Der Einfluss dieser internationalen Verbände geht über die freimaurerische Gemeinschaft hinaus und erstreckt sich in viele Bereiche der Gesellschaft. Freimaurerlogen und -verbände engagieren sich oft in wohltätigen und sozialen Projekten, die das Ziel haben, das Gemeinwohl zu fördern und zur Lösung gesellschaftlicher Probleme beizutragen. Viele internationale Freimaurerverbände unterstützen Bildungsprojekte, Stipendien und Hilfsorganisationen und setzen sich für die Förderung von Frieden und Verständigung ein. Diese Aktivitäten spiegeln die Überzeugung der Freimaurerei wider, dass der Einzelne nicht nur Verantwortung für sich selbst, sondern auch für seine Mitmenschen und die Gesellschaft trägt. Die internationalen Freimaurerverbände leisten somit einen wichtigen Beitrag zur gesellschaftlichen Entwicklung und tragen die freimaurerischen Werte in die Welt hinaus.

Zusammengefasst sind die internationalen Freimaurerverbände von großer Bedeutung für die Organisation und das Fortbestehen der Freimaurerei als weltweite Bewegung. Sie bieten den Freimaurern eine Plattform für den Austausch, die Zusammenarbeit und die Pflege ihrer gemeinsamen Werte und Ideale. Durch die verschiedenen Verbände und Großlogenstrukturen hat sich die Freimaurerei zu einer globalen Gemeinschaft entwickelt, die auf einer gemeinsamen ethischen und moralischen Basis beruht und gleichzeitig die Vielfalt und Individualität ihrer Mitglieder respektiert. Die internationalen Freimaurerverbände tragen dazu bei, die Einheit der Freimaurerei zu bewahren und ihr eine Stimme in einer sich ständig verändernden Welt zu geben.

# Symbole und ihre Bedeutung

Eine Einführung in die wichtigsten Symbole und deren
Interpretation

Symbole sind das Herzstück der freimaurerischen Philosophie
und Praxis. In der Freimaurerei dienen Symbole nicht nur als
dekorative Elemente oder historische Relikte, sondern als
Werkzeuge der spirituellen und intellektuellen Entwicklung. Diese
Symbole tragen tiefere Bedeutungen, die den Freimaurern helfen
sollen, die Prinzipien und Werte der Bruderschaft auf ihrem
Lebensweg anzuwenden. Die Sprache der Symbole, die in der
Freimaurerei verwendet wird, ist eine reiche und komplexe Welt,
die sowohl einfache Darstellungen von Handwerkswerkzeugen als
auch tiefgründige, philosophische Konzepte umfasst. In diesem
Kapitel führen wir in die Welt der freimaurerischen Symbole ein
und erläutern deren Bedeutung und Interpretation.

Die Ursprünge der freimaurerischen Symbolik liegen in den
Bauhütten und Steinmetzgilden des Mittelalters, deren Werkzeuge
und Techniken eine zentrale Rolle im alltäglichen Leben der
Handwerker spielten. Diese Werkzeuge wurden im Laufe der Zeit
nicht nur als praktische Hilfsmittel angesehen, sondern erhielten
eine symbolische Bedeutung, die als Leitfaden für das persönliche
und moralische Wachstum genutzt wurde. Das Winkelmaß und
der Zirkel sind zwei der bekanntesten Symbole, die aus dieser
Tradition hervorgegangen sind. Sie stehen nicht nur für Präzision
und Handwerkskunst, sondern verkörpern die Werte der
Freimaurerei – das Streben nach Gerechtigkeit und die Bedeutung
der Selbstbeherrschung und der moralischen Orientierung.

Neben den handwerklichen Werkzeugen finden sich in der Freimaurerei zahlreiche andere Symbole, die auf althergebrachte Weisheit und philosophische Konzepte zurückgehen. Die drei großen Lichter der Freimaurerei – das Buch des Gesetzes, das Winkelmaß und der Zirkel – sind ein weiteres Beispiel. Diese Symbole repräsentieren zentrale Prinzipien der Freimaurerei und verdeutlichen die Harmonie zwischen Wissen, Glauben und Handeln. Das Buch des Gesetzes, das in verschiedenen Logen je nach Kultur und Religion unterschiedliche Ausgaben hat, steht dabei symbolisch für die universellen Werte und moralischen Grundsätze, auf denen die Freimaurerei fußt. Zusammen mit dem Winkelmaß und dem Zirkel bildet es die Grundlage für eine freimaurerische Perspektive auf das Leben, die eine Balance zwischen geistigem Wachstum und ethischem Handeln anstrebt.

Ein weiteres wichtiges Symbol in der Freimaurerei ist die Schürze, die ein Mitglied der Bruderschaft trägt. Die Schürze, die ursprünglich aus der Kleidung der Steinmetze stammt, symbolisiert Reinheit und Unschuld. Sie wird bei freimaurerischen Versammlungen getragen und erinnert die Brüder daran, dass die Freimaurerei nicht nur auf Wissen, sondern auch auf ethischen Prinzipien basiert. Die Schürze ist somit ein Zeichen des Engagements für die Werte der Freimaurerei und ein Symbol für die Verantwortung, die jedes Mitglied für sein eigenes Handeln trägt.

Viele der Symbole in der Freimaurerei, wie das bereits erwähnte Winkelmaß und der Zirkel, haben eine doppelte Bedeutung. Sie repräsentieren nicht nur ethische und moralische Lehren, sondern sollen die Freimaurer auch an die Struktur und die Ordnung der Natur und des Universums erinnern. Diese symbolische Verbindung zur Natur und zur Kosmologie ist ein weiteres faszinierendes Element der Freimaurerei, das zeigt, wie tief die Freimaurer in ihrer Philosophie verankert sind. Die Ordnung, die in der Natur herrscht, soll ein Vorbild für das eigene Leben sein, in dem es gilt, Harmonie und Gleichgewicht zu wahren und sich gleichzeitig den Herausforderungen und Veränderungen anzupassen.

Auch die Architektur spielt in der freimaurerischen Symbolik eine bedeutende Rolle. Der Tempel des Königs Salomon, ein zentrales Symbol in der Freimaurerei, steht für das Streben nach Perfektion und den Bau eines moralischen Charakters. Die Freimaurer sehen in diesem Tempel ein Sinnbild für den menschlichen Körper und Geist, der durch Disziplin, Wissen und moralische Werte zu einem „Tempel der Tugend" geformt werden soll. Die Geschichte des Tempels und seine Bedeutung für die Freimaurerei sind eng mit den Lehren der Bruderschaft verbunden und symbolisieren den Weg zur persönlichen Vervollkommnung, den jedes Mitglied beschreiten soll.

Diese und viele weitere Symbole prägen die Rituale und Lehren der Freimaurerei und haben bis heute eine immense Bedeutung für die Brüder in den Logen weltweit. Sie helfen dabei, eine gemeinsame Sprache und ein gemeinsames Verständnis zu schaffen, das über die Grenzen von Kultur, Religion und Gesellschaft hinausgeht. Die universelle Gültigkeit dieser Symbole ist einer der Gründe, warum die Freimaurerei weltweit Bestand hat und ein Gefühl der Brüderlichkeit und Verbundenheit unter ihren Mitgliedern fördert.

Im weiteren Verlauf dieses Kapitels werden wir die wichtigsten Symbole der Freimaurerei im Detail betrachten und die philosophischen und ethischen Bedeutungen untersuchen, die ihnen zugeschrieben werden. Jedes Symbol ist nicht nur eine visuelle Darstellung, sondern auch ein Schlüssel zu tieferem Verständnis und einer Reflexion der Werte und Ideale, die die Freimaurerei als Bruderschaft seit Jahrhunderten bewahrt. Durch die Beschäftigung mit diesen Symbolen erhält man nicht nur Einblick in die Philosophie der Freimaurer, sondern wird auch dazu angeregt, über die eigene moralische und ethische Haltung nachzudenken und die Prinzipien des Lebens zu hinterfragen, die in der Freimaurerei eine zentrale Rolle spielen.

**Der Zirkel und das Winkelmaß: Grundlagen der Moral**

Der Zirkel und das Winkelmaß zählen zu den bekanntesten und bedeutendsten Symbolen der Freimaurerei und haben eine zentrale Stellung im freimaurerischen Verständnis von Ethik und Moral. Diese beiden Werkzeuge, die ursprünglich aus den mittelalterlichen Bauhütten und Handwerksgilden stammen, sind im Laufe der Jahrhunderte zu universellen Symbolen für die moralischen und ethischen Grundprinzipien der Freimaurerei geworden. Sie repräsentieren das Bestreben der Freimaurer, das eigene Verhalten und die inneren Werte ständig zu reflektieren und zu verfeinern. In diesem Unterkapitel werfen wir einen detaillierten Blick auf die Symbolik des Zirkels und des Winkelmaßes, ihre Geschichte und ihre Bedeutung für das freimaurerische Selbstverständnis. Die Untersuchung dieser Symbole verdeutlicht, wie die Freimaurerei handwerkliche Werkzeuge als Metaphern für moralische Prinzipien verwendet und wie diese Symbole die Grundlagen einer ethisch motivierten Lebensweise bilden.

Der Zirkel ist in der Freimaurerei ein Symbol für die Selbstbeherrschung und die persönliche Begrenzung. In seiner Funktion als geometrisches Werkzeug dient der Zirkel dazu, einen perfekten Kreis zu ziehen und dabei einen klaren, abgegrenzten Raum zu schaffen. Diese geometrische Eigenschaft des Zirkels wurde in der Freimaurerei als Metapher für die Selbstbeherrschung und das Setzen persönlicher Grenzen interpretiert. Der Zirkel erinnert die Freimaurer daran, dass sie ihre eigenen Handlungen und Wünsche in Einklang mit ethischen Prinzipien bringen und sich selbst in ihren Leidenschaften und Begierden mäßigen sollen. Die Bedeutung des Zirkels geht somit über das rein handwerkliche Werkzeug hinaus und wird zu einem Symbol für die Disziplin und die moralische Integrität, die die Mitglieder der Freimaurerei in ihrem Leben anstreben. Der Zirkel lehrt die Freimaurer, dass wahre Freiheit nur durch Selbstbeherrschung und die freiwillige Begrenzung des eigenen Verhaltens erreicht werden kann.

Das Winkelmaß hingegen steht in der Freimaurerei für die Gerechtigkeit, die Aufrichtigkeit und das Streben nach moralischer Vollkommenheit. Als handwerkliches Werkzeug dient das Winkelmaß dazu, rechte Winkel zu messen und sicherzustellen, dass die Baustrukturen exakt und stabil sind. In der freimaurerischen Symbolik wird das Winkelmaß als Maßstab für moralische und ethische Werte verstanden. Es erinnert die Freimaurer daran, stets gerecht und aufrichtig zu handeln und ihre Entscheidungen an hohen ethischen Standards auszurichten. Das Winkelmaß ist ein Symbol für die Ehrlichkeit und die Verpflichtung, die eigenen Handlungen so zu gestalten, dass sie im Einklang mit den Prinzipien der Fairness und der Gerechtigkeit stehen. Es fordert die Freimaurer auf, nicht nur gegenüber ihren Brüdern in der Loge, sondern auch gegenüber allen Menschen in ihrem Leben gerecht und respektvoll zu sein.

Zusammen repräsentieren der Zirkel und das Winkelmaß zwei der wichtigsten Prinzipien der freimaurerischen Moral: die Selbstbeherrschung und die Gerechtigkeit. Diese Symbole vermitteln den Freimaurern die Einsicht, dass ein erfülltes und ethisch wertvolles Leben sowohl auf der Fähigkeit zur Selbstregulation als auch auf der Verpflichtung zur Aufrichtigkeit basiert. In der Symbolik des Zirkels und des Winkelmaßes finden die Freimaurer eine klare Orientierung, die sie dazu anregt, ihre Entscheidungen und Handlungen kontinuierlich zu überprüfen und sich an ethischen Maßstäben zu messen. Diese Werkzeuge, die ursprünglich rein praktische Funktionen in den Bauhütten erfüllten, wurden somit zu einem moralischen Kompass, der den Freimaurern auf ihrem Weg zur persönlichen und spirituellen Vervollkommnung dient.

Die symbolische Bedeutung von Zirkel und Winkelmaß wird in der Freimaurerei durch die rituellen Lehren und Zeremonien vertieft. Während der Initiation in die Loge und den jeweiligen Graden wird den Freimaurern die Bedeutung dieser Symbole erläutert und nahegebracht. Besonders im ersten und zweiten Grad, dem Lehrlings- und dem Gesellengrad, spielen der Zirkel und das Winkelmaß eine zentrale Rolle, da sie die Grundprinzipien der Selbstdisziplin und der Gerechtigkeit vermitteln, die jeder Freimaurer in seinem Leben verinnerlichen soll. Die Verwendung des Zirkels und des Winkelmaßes in den Ritualen dient dazu, die Mitglieder daran zu erinnern, dass die Freimaurerei nicht nur eine philosophische Lehre ist, sondern eine praktische Lebensweise, die auf der Anwendung ethischer Grundsätze im Alltag basiert. Die Rituale der Freimaurerei ermöglichen es den Mitgliedern, eine tiefere Verbindung zu den Symbolen zu entwickeln und die moralischen Lehren, die sie verkörpern, in ihrem eigenen Leben anzuwenden.

Historisch gesehen waren der Zirkel und das Winkelmaß nicht nur Symbole für die Freimaurer, sondern auch für die mittelalterlichen Handwerksgilden, aus denen die Freimaurerei hervorgegangen ist. Die Steinmetze und Baumeister, die in den Bauhütten arbeiteten, benutzten diese Werkzeuge als unverzichtbare Hilfsmittel zur Errichtung präziser und stabiler Bauwerke. Ihre Funktion als Werkzeuge für die Genauigkeit und die Einhaltung handwerklicher Standards wurde im Laufe der Zeit in die

freimaurerische Symbolik übertragen und mit ethischen
Bedeutungen aufgeladen. Die Freimaurer sahen in diesen
Werkzeugen nicht nur handwerkliche Hilfsmittel, sondern
erkannten in ihnen universelle Prinzipien, die über das Handwerk
hinaus auf das menschliche Leben angewendet werden können. In
diesem Sinne repräsentieren der Zirkel und das Winkelmaß eine
Brücke zwischen der handwerklichen Tradition der Bauhütten
und der philosophischen und moralischen Entwicklung der
Freimaurerei.

In der modernen Freimaurerei sind der Zirkel und das Winkelmaß
noch immer zentrale Symbole, die in den Logen weltweit
verwendet werden. Sie erinnern die Mitglieder daran, dass die
Freimaurerei auf einem universellen Wertefundament basiert, das
in allen Kulturen und Zeiten gültig ist. Durch den Zirkel und das
Winkelmaß bleibt die Freimaurerei ihrer historischen Herkunft
und ihren ethischen Grundsätzen treu, während sie gleichzeitig in
der modernen Welt relevant bleibt. Die Symbolik dieser
Werkzeuge hat eine zeitlose Qualität, die die Freimaurer in ihrem
Streben nach einem moralisch und ethisch bewussten Leben
unterstützt. Die Bedeutung von Zirkel und Winkelmaß geht über
die Loge hinaus und bietet den Freimaurern eine Orientierung, die
sie in allen Bereichen ihres Lebens anwenden können.

Der Zirkel und das Winkelmaß stehen somit nicht nur für die
Freimaurer, sondern auch für die universellen menschlichen
Bestrebungen nach Selbsterkenntnis, Gerechtigkeit und innerer
Disziplin. Sie sind Werkzeuge, die nicht nur zur Konstruktion von
Gebäuden, sondern zur Errichtung eines inneren, moralischen
Fundaments dienen, auf dem der Einzelne sein Leben aufbauen
kann. Die fortwährende Relevanz dieser Symbole zeigt, wie die
Freimaurerei es geschafft hat, traditionelle handwerkliche Werte
in ein philosophisches System zu übertragen, das auch in einer
modernen, globalisierten Welt Bestand hat. Die Freimaurer sehen

im Zirkel und im Winkelmaß eine Einladung, sich kontinuierlich zu verbessern und die eigene Integrität zu bewahren, unabhängig von äußeren Einflüssen oder Herausforderungen.

Die tiefgreifende Symbolik von Zirkel und Winkelmaß verdeutlicht, dass die Freimaurerei nicht nur eine Gemeinschaft von Gleichgesinnten ist, sondern eine Lebensphilosophie, die auf der Idee basiert, dass jeder Mensch die Verantwortung trägt, sein Leben nach ethischen Grundsätzen zu gestalten. Der Zirkel fordert zur Selbstprüfung auf, indem er den Freimaurern die Notwendigkeit der inneren Disziplin vor Augen führt. Das Winkelmaß hingegen mahnt zur Aufrichtigkeit und zur Verpflichtung, stets im Einklang mit den Prinzipien der Gerechtigkeit zu handeln. Zusammen verkörpern diese Symbole die Grundwerte der Freimaurerei und erinnern die Mitglieder daran, dass sie Teil einer Bruderschaft sind, die sich dem Streben nach einem moralischen und aufrichtigen Leben verpflichtet hat.

Durch die Betrachtung und das Verständnis der Symbole Zirkel und Winkelmaß erschließt sich der Freimaurerei eine tiefe, ethische Dimension, die das Leben ihrer Mitglieder nachhaltig prägt.

**Die Rolle der Schürze und das Symbol der Reinheit**

Die Schürze zählt zu den ältesten und bedeutendsten Symbolen der Freimaurerei. Sie ist ein unverzichtbares Erkennungsmerkmal eines Freimaurers und wird in den Logen weltweit als äußeres Zeichen der inneren Verpflichtung getragen, die sich jedes Mitglied zu eigen macht. Ursprünglich ein schützendes Kleidungsstück der mittelalterlichen Steinmetze, die sie während ihrer Arbeit auf den Baustellen trugen, hat die Schürze in der Freimaurerei eine tiefe symbolische Bedeutung gewonnen, die weit über ihren funktionalen Ursprung hinausgeht. In der

modernen Freimaurerei verkörpert die Schürze Reinheit,
Unschuld und die Hingabe an die moralischen Prinzipien der
Bruderschaft. Sie ist nicht nur ein Zeichen der Identität und der
Zugehörigkeit zur freimaurerischen Gemeinschaft, sondern auch
ein Symbol für das Streben nach einem ethisch und moralisch
einwandfreien Leben. In diesem Unterkapitel beleuchten wir die
historische Entwicklung und die symbolische Bedeutung der
Schürze und gehen darauf ein, wie sie als Sinnbild für Reinheit
und Tugendhaftigkeit in der Freimaurerei verstanden wird.

Die Ursprünge der Schürze in der Freimaurerei reichen weit
zurück und sind eng mit den handwerklichen Traditionen der
mittelalterlichen Bauhütten verbunden. In diesen Bauhütten
trugen die Steinmetze Schürzen, um ihre Kleidung und ihren
Körper während der oft mühsamen und gefährlichen Arbeit mit
Stein und Mörtel zu schützen. Die Schürze war ein praktisches
Hilfsmittel, das die Handwerker vor Schmutz und Verletzungen
bewahrte und ein Zeichen ihres Handwerks war. Im Laufe der Zeit,
als die Freimaurerei sich von einer handwerklichen Gemeinschaft
zu einer symbolischen und philosophischen Bruderschaft
entwickelte, übernahm sie viele der Werkzeuge und
Kleidungsstücke der Steinmetze als Symbole für moralische und
ethische Prinzipien. Die Schürze wurde zu einem Symbol für die
Reinheit und die moralische Verpflichtung, die jeder Freimaurer
auf seinem Weg zur Selbsterkenntnis und zur moralischen
Vervollkommnung anstrebt.

In der modernen Freimaurerei wird die Schürze zu verschiedenen
Anlässen und in unterschiedlichen Graden getragen, wobei ihre
Form und Gestaltung je nach Grad und Rang des Trägers variieren
kann. Eine einfache weiße Schürze, die oft von Lehrlingen
getragen wird, symbolisiert Unschuld und Reinheit und erinnert
das Mitglied daran, seine Gedanken und Handlungen rein zu
halten. Die weiße Farbe der Schürze wird in der Freimaurerei als

Sinnbild für die Reinheit des Herzens und die Lauterkeit der Absichten interpretiert, die jedes Mitglied anstreben soll. Der Lehrling, der am Anfang seiner freimaurerischen Reise steht, wird durch das Tragen der weißen Schürze daran erinnert, dass er auf diesem Weg die Verantwortung hat, seine Gedanken und Taten im Sinne der freimaurerischen Werte zu gestalten. Die Reinheit der Schürze ist ein Symbol für die Offenheit und Bereitschaft, sich auf den Weg der Selbsterkenntnis und der ethischen Entwicklung zu begeben.

Mit dem Fortschreiten durch die verschiedenen Grade verändert sich auch die Gestaltung der Schürze, was die wachsende Verantwortung und das zunehmende Wissen des Freimaurers widerspiegelt. Die Schürzen von Gesellen und Meistern sind oft mit Symbolen, Farben und Verzierungen geschmückt, die auf die erweiterten Aufgaben und Pflichten hinweisen, die diese Grade mit sich bringen. Die Schürze des Meisters ist häufig mit einem blauen Rand versehen, der die Weisheit und das Wissen symbolisiert, das ein Meister im Laufe seiner Reise erworben hat. Diese Verzierungen und Farben sind jedoch nicht nur dekorative Elemente, sondern haben eine tiefere symbolische Bedeutung, die den Träger an die ethischen und moralischen Verpflichtungen erinnert, die er in seinem freimaurerischen Leben übernommen hat. Die Schürze des Meisters dient somit nicht nur als Erkennungszeichen innerhalb der Loge, sondern auch als ständige Erinnerung an die Werte der Freimaurerei und das Streben nach einem Leben in Aufrichtigkeit und Integrität.

Die Schürze verkörpert in der Freimaurerei das Ideal der Reinheit auf mehreren Ebenen. Sie symbolisiert die innere Reinheit, die jedes Mitglied anstreben soll, und dient als Erinnerung daran, dass die freimaurerische Arbeit nicht nur eine äußere, sondern vor allem eine innere Reise ist. In den freimaurerischen Lehren wird die Schürze oft mit einem unbeschriebenen Blatt verglichen, das der Freimaurer durch seine eigenen Handlungen und Entscheidungen im Laufe seines Lebens gestaltet. Diese Vorstellung unterstreicht die Verantwortung des Einzelnen, sein Leben im Sinne der freimaurerischen Werte zu führen und sich bemühen, die Unschuld und Lauterkeit zu bewahren, die die weiße Schürze symbolisiert. Die Schürze ist somit ein Symbol für die ständige Arbeit an sich selbst und die Verpflichtung, das eigene Leben in Einklang mit den ethischen Prinzipien der Freimaurerei zu gestalten.

Die Rolle der Schürze als Symbol der Reinheit wird auch durch die freimaurerischen Rituale und Zeremonien verstärkt, in denen die Schürze oft eine zentrale Rolle spielt. Bei der Initiation eines neuen Mitglieds in den Lehrlingsgrad wird die Schürze als Geschenk und Symbol der Reinheit überreicht und das neue Mitglied wird aufgefordert, sie als Zeichen seiner Verpflichtung zur moralischen Entwicklung zu tragen. Das Tragen der Schürze wird als Ehrenpflicht betrachtet, die das Mitglied dazu anregt, sich seiner ethischen Verantwortung bewusst zu werden und sein Verhalten stets an den Prinzipien der Freimaurerei auszurichten. Diese symbolische Handlung verleiht der Schürze eine tiefe Bedeutung, die das Mitglied auf seinem Weg zur Selbsterkenntnis und zur ethischen Vervollkommnung begleitet.

Die Schürze ist in der Freimaurerei jedoch nicht nur ein individuelles Symbol, sondern auch ein gemeinschaftliches Zeichen der Zugehörigkeit und der Brüderlichkeit. Wenn die Freimaurer in ihren Schürzen zusammenkommen, erinnert dies an die gemeinsame Verpflichtung zur Reinheit und zur Einhaltung hoher moralischer Standards. Die Schürze symbolisiert die Verbundenheit der Mitglieder und erinnert sie daran, dass sie Teil einer Bruderschaft sind, die auf den Prinzipien der gegenseitigen Unterstützung, des Respekts und der Toleranz basiert. Die Schürze ist somit auch ein Symbol der Einheit und der

Zusammengehörigkeit, das die Freimaurer über kulturelle und soziale Unterschiede hinweg verbindet und ihnen eine gemeinsame Identität verleiht.

Durch ihre tiefe symbolische Bedeutung und die zentrale Rolle in den freimaurerischen Ritualen ist die Schürze nicht nur ein Kleidungsstück, sondern ein kraftvolles Symbol für die ethischen und moralischen Prinzipien, die die Freimaurer anstreben. Sie verkörpert die Reinheit, die Unschuld und die moralische Verpflichtung, die jedes Mitglied auf seinem Weg durch die Freimaurerei begleitet. Die Schürze erinnert die Freimaurer daran, dass sie sich stets bemühen sollen, ihre Gedanken und Handlungen im Einklang mit den freimaurerischen Werten zu halten und ein Leben in Aufrichtigkeit, Weisheit und Mitgefühl zu führen.

**Die drei großen Lichter: Offenbarung und Weisheit**

Die „drei großen Lichter" – das Buch des Gesetzes, das Winkelmaß und der Zirkel – zählen zu den zentralen Symbolen der Freimaurerei und sind in jeder Loge präsent. Diese drei großen Lichter repräsentieren grundlegende Prinzipien der Freimaurerei und symbolisieren die Offenbarung von Wissen, die Weisheit und die ethische Ausrichtung, die jeder Freimaurer anstreben sollte. Die Bedeutung dieser Symbole geht weit über ihre physische Erscheinung hinaus und bildet die Grundlage der freimaurerischen Lehren. Die drei großen Lichter vereinen spirituelle, moralische und ethische Aspekte, die das Leben und die persönliche Entwicklung eines Freimaurers leiten sollen. In diesem Unterkapitel untersuchen wir die Bedeutung jedes einzelnen Lichts und die Rolle, die sie im freimaurerischen Leben spielen.

Das erste der drei großen Lichter ist das „Buch des Gesetzes", das je nach Region und kulturellem Hintergrund unterschiedliche religiöse oder philosophische Texte umfassen kann. In den meisten Logen wird als Buch des Gesetzes die Bibel verwendet, jedoch akzeptieren viele Logen auch andere heilige Bücher, wie den Koran, die Bhagavad Gita oder andere Texte, die als symbolische Repräsentation für das moralische Gesetz dienen. Das Buch des Gesetzes steht für die universellen Prinzipien und die spirituelle Orientierung, die jedes Mitglied in seinem Leben anstreben sollte. Es ist ein Symbol für die Weisheit und das Wissen, die das Universum regieren und die der Freimaurer auf seinem Weg zur Selbsterkenntnis und moralischen Vervollkommnung sucht. Die Freimaurer sehen im Buch des Gesetzes nicht nur eine Quelle spiritueller Erleuchtung, sondern auch eine Grundlage für ethische und moralische Orientierung, die über die individuellen Glaubenssysteme hinausgeht.

Das Buch des Gesetzes in der Freimaurerei soll das Mitglied daran erinnern, dass es sich an höhere Prinzipien und universelle Werte halten muss. Es fordert die Freimaurer auf, das Leben im Einklang mit diesen Prinzipien zu führen und die Weisheit der alten Lehren zu achten. Unabhängig davon, ob das Buch des Gesetzes ein religiöser oder philosophischer Text ist, steht es für die Verpflichtung zur Tugendhaftigkeit, zur Selbstreflexion und zur Suche nach Wahrheit. In der Loge wird das Buch des Gesetzes an einem zentralen Ort platziert und ist oft geöffnet, um die Bedeutung seiner Rolle als Quelle der Weisheit und Erleuchtung zu betonen. Die Anwesenheit des Buches des Gesetzes in der Loge verleiht den Ritualen und Lehren der Freimaurerei eine spirituelle Dimension, die die Verbindung zu einer höheren, universellen Wahrheit unterstreicht.

Das zweite große Licht ist das Winkelmaß, das als Symbol für die Aufrichtigkeit und das Streben nach moralischer Integrität steht.

Das Winkelmaß ist in der Freimaurerei ein Symbol für die
Verpflichtung, die eigenen Handlungen nach gerechten und
ethischen Maßstäben auszurichten. Wie ein Baumeister das
Winkelmaß verwendet, um rechte Winkel und stabile Strukturen
zu schaffen, so erinnert das Winkelmaß die Freimaurer daran, ihre
Entscheidungen und Handlungen nach den Prinzipien der
Gerechtigkeit und Fairness auszurichten. Es symbolisiert die
moralischen Werte, die das Verhalten eines Freimaurers in seinem
Leben bestimmen sollten. Das Winkelmaß ist somit ein Werkzeug
und ein Leitfaden für die ethische Ausrichtung und die
Verpflichtung, stets aufrichtig und gerecht zu handeln.

Das Winkelmaß stellt zudem eine Verbindung zwischen der
praktischen und der symbolischen Bedeutung der
freimaurerischen Werkzeuge her. Es zeigt, wie die Freimaurerei
das Handwerk und die Prinzipien der Baukunst auf das
persönliche und soziale Leben des Menschen überträgt. Die
Bedeutung des Winkelmaßes geht über die Loge hinaus und
fordert die Freimaurer auf, in allen Bereichen ihres Lebens
gerecht und moralisch integer zu handeln. Die Freimaurer sehen
im Winkelmaß nicht nur ein Werkzeug zur Errichtung physischer
Strukturen, sondern auch ein Werkzeug zur Errichtung eines
moralischen und ethischen Lebensfundaments, das sie im
täglichen Leben leitet.

Das dritte große Licht ist der Zirkel, der für Selbstbeherrschung
und die Begrenzung der eigenen Wünsche und Leidenschaften
steht. Der Zirkel, der verwendet wird, um perfekte Kreise zu
zeichnen, symbolisiert in der Freimaurerei die Fähigkeit zur
Selbstkontrolle und zur Mäßigung. Ein Kreis, der mit dem Zirkel
gezogen wird, besitzt keine Enden und symbolisiert die
Unendlichkeit und die Einheit, die der Freimaurer in sich selbst
finden soll. Der Zirkel erinnert die Freimaurer daran, ihre
Leidenschaften und Wünsche zu beherrschen und sich selbst in

ihren Handlungen und Gedanken zu disziplinieren. Die Symbolik des Zirkels lehrt, dass wahre Freiheit und innere Harmonie nur durch Selbstbeherrschung und das Verständnis der eigenen Grenzen erreicht werden können.

Der Zirkel und das Winkelmaß zusammen zeigen die Balance, die ein Freimaurer zwischen der Verpflichtung zur Gerechtigkeit und der Fähigkeit zur Selbstdisziplin finden muss. Der Zirkel, der innerhalb des rechten Winkels des Winkelmaßes platziert ist, symbolisiert die Harmonie zwischen der inneren und der äußeren Welt, die ein Freimaurer anstreben sollte. Während das Winkelmaß den Freimaurer dazu ermutigt, gerecht und aufrichtig gegenüber anderen zu sein, erinnert der Zirkel ihn daran, sich selbst und seine eigenen Wünsche zu kontrollieren und sich auf die innere Vervollkommnung zu konzentrieren. Diese beiden Werkzeuge in Verbindung mit dem Buch des Gesetzes schaffen eine Einheit, die das freimaurerische Ideal eines ausgewogenen und ethischen Lebens widerspiegelt.

Zusammen stellen die drei großen Lichter in der Freimaurerei ein System dar, das den Freimaurern als Leitfaden für ihre ethische und spirituelle Entwicklung dient. Sie fordern die Mitglieder auf, ein Leben zu führen, das im Einklang mit den universellen Prinzipien der Weisheit, der Gerechtigkeit und der Selbstbeherrschung steht. Die drei großen Lichter sind nicht nur Symbole, sondern auch praktische Werkzeuge, die den Freimaurern dabei helfen, ihre Entscheidungen und Handlungen zu prüfen und sich stets um die Vervollkommnung ihrer Persönlichkeit zu bemühen. Die Symbole dienen als ständige Erinnerung daran, dass die Freimaurerei eine Philosophie ist, die nicht nur im Logentempel, sondern auch im alltäglichen Leben angewendet werden soll.

Die drei großen Lichter haben zudem eine tiefere spirituelle Bedeutung, die in den freimaurerischen Ritualen und Zeremonien besonders hervorgehoben wird. Während der Initiation und der Fortschritte durch die verschiedenen Grade wird die Bedeutung dieser Symbole den Mitgliedern auf eindringliche Weise vermittelt, um das Verständnis für die ethischen und spirituellen Lehren der Freimaurerei zu vertiefen. Die Lichter dienen als Brücke zwischen dem individuellen Streben nach Weisheit und der Verpflichtung zur Brüderlichkeit und zum Dienst an der Gemeinschaft. Sie symbolisieren die innere Erleuchtung und die Suche nach einer höheren Wahrheit, die das Ziel jedes Freimaurers auf seinem Lebensweg ist.

Durch das Verständnis der drei großen Lichter erkennen die Freimaurer, dass sie Teil einer langen Tradition sind, die auf universellen Werten und Prinzipien beruht. Die Lichter verbinden die Mitglieder mit den ethischen und moralischen Grundlagen, die die Freimaurerei seit Jahrhunderten geprägt haben, und erinnern sie daran, dass die Suche nach Wissen und Weisheit nie endet.

**Die Symbolik der Baukunst und Werkzeuge**

Die Symbolik der Baukunst und der Werkzeuge ist eines der markantesten Merkmale der Freimaurerei und geht auf die Ursprünge dieser Bruderschaft in den mittelalterlichen Bauhütten zurück. Als die Freimaurerei sich von den handwerklichen Steinmetzgilden zu einer philosophischen und ethischen Gemeinschaft entwickelte, übernahm sie viele der Werkzeuge und Begriffe aus dem Bauwesen und verlieh ihnen eine tiefere, symbolische Bedeutung. Die Werkzeuge der Steinmetze, die einst zum Bau von Kathedralen und anderen imposanten Bauwerken dienten, wurden in der Freimaurerei zu Symbolen für moralische, ethische und spirituelle Prinzipien. Diese symbolische Baukunst, die sich aus der Handwerkskunst entwickelt hat, bietet den

Freimaurern eine Reihe von Metaphern für den inneren und äußeren Bau des „Tempels der Vervollkommnung", der als das ultimative Ziel des freimaurerischen Lebens gilt. In diesem Unterkapitel wird die Bedeutung dieser Werkzeuge und Bauprinzipien untersucht und die Art und Weise, wie sie in der freimaurerischen Lehre als Leitfaden für das Streben nach einem ethisch und moralisch erfüllten Leben dienen.

Die Freimaurerei interpretiert die Baukunst als Symbol für das Streben des Einzelnen, an sich selbst zu arbeiten und einen moralischen und ethischen Charakter zu entwickeln, der auf festen Werten und Prinzipien basiert. Die Loge selbst wird oft als symbolischer „Tempel Salomos" betrachtet, dessen Bau in der freimaurerischen Überlieferung als Metapher für die persönliche Vervollkommnung und das Streben nach Weisheit dient. Der „Tempelbau" ist in der Freimaurerei eine zentrale Metapher und verdeutlicht, dass jeder Freimaurer daran arbeitet, seine inneren Werte und Überzeugungen zu festigen und sich moralisch und spirituell zu entwickeln. Die Werkzeuge der Baukunst – Winkelmaß, Zirkel, Kelle, Senkblei, Wasserwaage und Hammer – unterstützen diese Symbolik und erinnern die Freimaurer daran, dass sie stets an ihrer eigenen „Bauweise" arbeiten sollen, indem sie ihr Verhalten, ihre Gedanken und ihr Handeln an den Prinzipien der Gerechtigkeit, Wahrheit und Toleranz ausrichten.

Das Winkelmaß und der Zirkel, die in Kapitel 3.1 bereits ausführlich behandelt wurden, sind zwei der wichtigsten Werkzeuge der Freimaurerei und repräsentieren die Grundlagen der freimaurerischen Moral. Während das Winkelmaß für Gerechtigkeit und Aufrichtigkeit steht und den Freimaurer an die Wichtigkeit von Ehrlichkeit und Fairness erinnert, symbolisiert der Zirkel die Fähigkeit zur Selbstbeherrschung und Mäßigung. Diese beiden Werkzeuge zusammen bilden eine Basis, auf der die freimaurerische Ethik aufgebaut ist, und zeigen, dass der

Freimaurer in der Lage sein muss, seine inneren Leidenschaften zu kontrollieren und gleichzeitig gerechte Entscheidungen zu treffen. Sie sind zentrale Werkzeuge, die den Freimaurer dazu anregen, sein Verhalten ständig zu reflektieren und im Einklang mit den Prinzipien der Freimaurerei zu handeln.

Ein weiteres zentrales Werkzeug in der freimaurerischen Symbolik ist die Kelle, die ursprünglich dazu diente, Mörtel aufzutragen und die Steine miteinander zu verbinden. In der Freimaurerei symbolisiert die Kelle das Prinzip der Brüderlichkeit und der Liebe zum Nächsten. Der Mörtel, den die Kelle aufträgt, steht für die Bindungskraft, die die Mitglieder der Freimaurerei vereint und die Gemeinschaft stärkt. Die Kelle erinnert die Freimaurer daran, dass sie eine Verantwortung füreinander tragen und dass ihre Aufgabe darin besteht, die „Steine" – die Mitglieder der Loge – zu einer Einheit zu verbinden, die auf gegenseitigem Respekt und Unterstützung basiert. In der Freimaurerei ist die Kelle somit ein Symbol für das Streben nach Einigkeit und Harmonie innerhalb der Bruderschaft und ein Zeichen dafür, dass der Freimaurer die Verpflichtung hat, seine Brüder zu unterstützen und zu fördern.

Das Senkblei ist ein weiteres Werkzeug, das eine wichtige symbolische Bedeutung in der Freimaurerei hat. Ursprünglich diente das Senkblei dazu, die Vertikalität eines Bauwerks zu überprüfen und sicherzustellen, dass es gerade und stabil errichtet wird. In der freimaurerischen Symbolik steht das Senkblei für die Wahrhaftigkeit und die moralische Gradlinigkeit, die ein Freimaurer in seinem Leben anstreben sollte. Es erinnert die Freimaurer daran, dass sie in ihren Überzeugungen und Handlungen aufrecht und ehrlich sein müssen und dass die moralische Integrität die Grundlage eines gefestigten Charakters bildet. Das Senkblei lehrt, dass jeder Freimaurer danach streben sollte, „aufrecht zu stehen" und sein Leben im Einklang mit den freimaurerischen Werten zu führen. Diese Werte sind die moralischen „Geraden", an denen sich ein Freimaurer orientieren sollte, um Stabilität und Festigkeit im Leben zu erreichen.

Auch die Wasserwaage hat eine zentrale symbolische Bedeutung in der Freimaurerei. Im Handwerk dient die Wasserwaage dazu, horizontale Ebenen zu überprüfen und sicherzustellen, dass eine Konstruktion eben und gleichmäßig ist. In der freimaurerischen Symbolik steht die Wasserwaage für Gleichheit und Ausgeglichenheit und erinnert die Freimaurer daran, dass sie alle Mitglieder der Bruderschaft als gleichwertig betrachten sollen. Die Wasserwaage symbolisiert die Idee, dass alle Menschen auf derselben Ebene stehen, unabhängig von sozialem Status, Herkunft oder persönlichen Überzeugungen. In der Loge sind alle Freimaurer Brüder, und die Wasserwaage symbolisiert das Streben nach Harmonie und gegenseitigem Respekt. Sie verdeutlicht, dass die Freimaurerei eine Bruderschaft ist, in der Gleichheit und Toleranz wesentliche Grundprinzipien sind, die das Zusammenleben und die Zusammenarbeit fördern.

Der Hammer ist ein weiteres bedeutendes Symbol der Freimaurerei und repräsentiert die Kraft der Entschlossenheit und die Fähigkeit, Hindernisse zu überwinden. Im handwerklichen Bereich dient der Hammer dazu, grobe Steine zu formen und sie in die richtige Form zu bringen, sodass sie Teil eines Bauwerks werden können. In der freimaurerischen Symbolik steht der Hammer für den Willen und die Kraft, sich selbst zu formen und die „rauen Kanten" des Charakters abzuschleifen. Der Freimaurer wird durch den Hammer daran erinnert, dass er die Verantwortung hat, an sich selbst zu arbeiten und seine Persönlichkeit zu vervollkommnen, indem er seine Schwächen erkennt und daran arbeitet, sie zu überwinden. Der Hammer symbolisiert die aktive Kraft des Freimaurers, der sich bemüht, seine moralischen und ethischen Qualitäten zu verbessern und ein vollkommener „Stein" im symbolischen Tempel der Menschheit zu werden.

Neben den Werkzeugen ist die gesamte Symbolik der Baukunst in der Freimaurerei ein Ausdruck für das Streben nach Weisheit und Selbsterkenntnis. Der „Tempelbau" ist in der Freimaurerei eine Metapher für das Streben nach einem ethischen und moralisch gefestigten Leben. Die Freimaurer sehen sich selbst als Baumeister ihres eigenen Lebens, die die Werkzeuge der freimaurerischen Lehre nutzen, um ein stabiles und harmonisches Fundament für ihren Charakter zu errichten. Diese symbolische Baukunst lehrt, dass jeder Freimaurer Verantwortung für seinen eigenen „Tempel" trägt und dass das Ziel darin besteht, ein Leben in Aufrichtigkeit, Brüderlichkeit und Weisheit zu führen.

Die Werkzeuge und die Baukunst symbolisieren auch das Prinzip des ständigen Wachstums und der Selbstentwicklung, das in der Freimaurerei zentral ist. Jeder Freimaurer wird dazu angeregt, seine Fähigkeiten und Talente zu nutzen, um einen Beitrag zum „Bauwerk der Menschheit" zu leisten und eine bessere Welt zu schaffen. Die Baukunst zeigt, dass die Freimaurerei nicht nur eine individuelle, sondern auch eine gemeinschaftliche Aufgabe ist und dass die Freimaurer als Teil einer Bruderschaft ihre ethischen und moralischen Ideale gemeinsam verwirklichen.

Durch die Symbole der Baukunst und der Werkzeuge lehrt die Freimaurerei ihre Mitglieder, dass sie aktive Baumeister ihres eigenen Lebens und ihrer Gemeinschaft sind. Die Werkzeuge dienen nicht nur als praktische Hilfsmittel für die Errichtung physischer Strukturen, sondern als moralische und ethische Prinzipien, die das Verhalten und die Entscheidungen der Freimaurer leiten. Die Freimaurer sehen in diesen Werkzeugen eine Inspiration, sich kontinuierlich zu verbessern und ihre Werte im täglichen Leben anzuwenden.

# Die Rituale der Freimaurer

Beschreibung und Bedeutung der rituellen Praktiken innerhalb der Bruderschaft

Rituale sind ein zentraler Bestandteil der freimaurerischen Praxis und haben seit Jahrhunderten die Mitglieder der Bruderschaft in ihrer spirituellen und persönlichen Entwicklung begleitet. Die Rituale der Freimaurerei sind nicht nur Zeremonien, sondern eine lebendige Form der Philosophie, die durch symbolische Handlungen und Worte zum Ausdruck gebracht wird. Sie schaffen eine Umgebung, in der Werte wie Brüderlichkeit, Vertrauen, Verantwortung und Wissen auf eine Weise vermittelt werden, die rationale Erklärungen und Lehrbücher oft nicht erreichen können. Die Rituale der Freimaurer bilden daher das Herz der Bruderschaft und prägen die Mitglieder in ihrer individuellen und gemeinsamen freimaurerischen Reise.

Die Ursprünge dieser Rituale liegen in den mittelalterlichen Bauhütten und Handwerkszünften, die einst praktische Methoden und Techniken an ihre Mitglieder weitergaben, um die Handwerkskunst zu bewahren. Während Rituale zunächst funktional waren, entwickelten sie sich im Laufe der Zeit zu symbolischen Darstellungen für die ethischen und moralischen Grundsätze der Freimaurerei. Die ersten bekannten freimaurerischen Rituale wurden als geheime Zeremonien durchgeführt, in denen Wissen und spirituelle Einsichten vermittelt wurden, um die Bindung der Mitglieder zu stärken und die Weitergabe von Wissen auf eine kontrollierte und respektvolle Weise sicherzustellen.

In diesen Zeremonien ging es nicht nur um Wissen und Techniken, sondern auch darum, eine moralische und ethische Haltung zu entwickeln, die die Mitglieder auf ihrem Weg als Freimaurer und im alltäglichen Leben begleiten sollte.

Ein zentrales Element der freimaurerischen Rituale ist die Initiation, die Aufnahme eines neuen Mitglieds in die Bruderschaft. Diese Zeremonie ist eine der bedeutendsten Rituale innerhalb der Freimaurerei und symbolisiert den Beginn einer neuen Phase im Leben des Freimaurers. Die Initiation ist reich an Symbolik und bringt die Werte und Prinzipien der Bruderschaft zum Ausdruck. Durch die verschiedenen Handlungen, die während der Initiation durchgeführt werden, wird der neue Freimaurer auf den Weg der persönlichen Entwicklung und der Suche nach Wissen geführt. Die Initiation stellt eine tiefgreifende Erfahrung dar, bei der das Mitglied einen symbolischen Übergang vom „dunklen" Zustand der Unwissenheit zur „Erleuchtung" durch Wissen und Weisheit vollzieht. Diese Zeremonie unterstreicht die Idee, dass die Freimaurerei mehr als eine Gemeinschaft ist – sie ist ein Weg der inneren Transformation und des ständigen Lernens.

Ein weiteres wichtiges Ritual ist die Beförderung in höhere Grade, wie die Aufnahme in den Gesellengrad und schließlich den Meistergrad. Diese Grade, die symbolisch für die persönliche und spirituelle Entwicklung stehen, bieten den Mitgliedern die Möglichkeit, tiefere Einsichten in die freimaurerischen Lehren und Werte zu gewinnen. Der Fortschritt von einem Grad zum nächsten ist mehr als eine Formalität; es ist ein Weg, auf dem der Freimaurer die symbolischen Lektionen der Loge verinnerlicht und sich selbst auf eine Weise weiterentwickelt, die durch rationale Lehren allein nicht erreicht werden könnte. Die Rituale zur Erlangung höherer Grade sind daher eine Art Prüfungsweg, auf dem das Mitglied zeigen muss, dass es bereit ist, die Verantwortung und das Wissen des nächsten Grades zu tragen.

Rituale in der Freimaurerei gehen jedoch über Initiationen und Beförderungen hinaus. Sie umfassen auch regelmäßig wiederkehrende Versammlungen, in denen die Brüder gemeinsam arbeiten, lernen und die Werte der Freimaurerei feiern. Diese regelmäßigen Treffen, die oft als „Arbeiten" bezeichnet werden, bieten den Freimaurern die Möglichkeit, sich an den Idealen und Lehren der Bruderschaft zu orientieren und gemeinsam an der persönlichen und spirituellen Entwicklung zu arbeiten. Dabei folgen die Treffen einer festgelegten Ordnung und umfassen eine Reihe von rituellen Handlungen und Symbolen, die die Mitglieder in ihrer Einheit und Brüderlichkeit bestärken. Die Rituale während dieser Versammlungen erinnern die Freimaurer an ihre Verpflichtung gegenüber den Prinzipien der Bruderschaft und an ihre Verantwortung, sich selbst und die Gemeinschaft zu verbessern.

Neben den regelmäßigen Versammlungen gibt es auch besondere rituelle Feiern, die an wichtigen Feiertagen oder Anlässen begangen werden. Diese Anlässe, oft als Jahresfeiern bekannt, bieten den Freimaurern die Möglichkeit, die Traditionen und Errungenschaften ihrer Bruderschaft zu ehren und die symbolischen Lehren der Freimaurerei zu feiern. Während dieser Feierlichkeiten werden oft symbolische Handlungen durchgeführt, die die spirituelle und moralische Bedeutung der Freimaurerei auf eine Weise erfahrbar machen, die die tieferen Werte der Bruderschaft in Erinnerung ruft. Diese Feste dienen als Moment der Besinnung und bieten den Mitgliedern die Gelegenheit, sich wieder auf die Prinzipien der Freimaurerei zu konzentrieren und ihre Verbindung zur Gemeinschaft zu stärken.

Ein entscheidender Aspekt der freimaurerischen Rituale ist die Geheimhaltung, die die Bruderschaft seit ihren Anfängen umgibt. Während die Freimaurerei heute eine offene Gesellschaft ist, die in vielen Ländern offiziell anerkannt ist, bleiben die genauen Details und Symbole ihrer Rituale den Mitgliedern vorbehalten. Diese Geheimhaltung hat mehrere Funktionen: Zum einen schützt sie das spirituelle und persönliche Wachstum der Mitglieder, indem sie sicherstellt, dass das Wissen der Bruderschaft nicht leichtfertig preisgegeben wird. Zum anderen verstärkt sie die Bindung zwischen den Mitgliedern, die durch die gemeinsame Erfahrung der geheimen Rituale eine tiefere Verbundenheit entwickeln. Diese Geheimhaltung macht die Rituale zu einer einzigartigen und intimen Erfahrung, die jeden Freimaurer daran erinnert, dass die Freimaurerei nicht nur eine Institution, sondern auch ein persönlicher Weg der Erkenntnis ist.

Zusammengefasst sind die Rituale der Freimaurer mehr als bloße Traditionen – sie sind lebendige Darstellungen der freimaurerischen Ideale und Werte. Sie schaffen eine einzigartige Verbindung zwischen den Mitgliedern und bieten einen Rahmen, in dem die Philosophie und Ethik der Freimaurerei auf eine Weise erfahrbar gemacht wird, die rationales Denken allein nicht erreichen kann. Die Rituale bieten den Freimaurern die Möglichkeit, ihre eigene spirituelle und moralische Reise zu gestalten und gleichzeitig Teil einer größeren Bruderschaft zu sein, die dieselben Werte teilt und in der Suche nach Wissen und Weisheit vereint ist.

## Die Initiationsrituale und ihre Symbolik

Die Initiationsrituale der Freimaurerei sind zentrale Elemente des freimaurerischen Lebens und markieren den Eintritt eines neuen Mitglieds in die Bruderschaft. Diese Rituale, die traditionell in feierlichen Zeremonien abgehalten werden, sind geprägt von symbolischen Handlungen und Lehren, die die moralischen und spirituellen Grundsätze der Freimaurerei verdeutlichen. Die Initiation ist weit mehr als nur eine formelle Aufnahme in die Gemeinschaft; sie ist der Beginn einer Reise der Selbsterkenntnis und ethischen Entwicklung, die das neue Mitglied dazu ermutigt, seine persönliche und moralische Vervollkommnung zu verfolgen. In diesem Unterkapitel untersuchen wir die Struktur und Bedeutung der Initiationsrituale in der Freimaurerei und analysieren die Symbolik, die hinter diesen feierlichen Handlungen steckt.

Das Initiationsritual ist in der Freimaurerei ein Übergangsritus, der den neuen Freimaurer symbolisch von der „dunklen Unwissenheit" in das „Licht des Wissens" führt. Dieser Übergang symbolisiert das Erwachen des Geistes und die Bereitschaft, an der eigenen moralischen und spirituellen Entwicklung zu arbeiten. Die Initiation ist eine feierliche Handlung, die den Kandidaten auf eine neue Lebensweise vorbereiten soll und ihn dazu anregt, sein Denken und Handeln nach den Grundsätzen der Freimaurerei auszurichten. Diese Grundsätze umfassen Werte wie Toleranz, Brüderlichkeit und das Streben nach Weisheit. Das Ritual verdeutlicht dem neuen Mitglied, dass die Freimaurerei nicht nur eine Organisation ist, sondern eine Lebensphilosophie, die das gesamte Denken und Handeln eines Freimaurers prägt.

Ein zentrales Element der Initiation ist die symbolische Blindheit des Kandidaten, der mit verbundenen Augen in die Loge geführt wird. Die Augenbinde steht für die Dunkelheit der Unwissenheit, die der Kandidat vor seinem Eintritt in die Freimaurerei erfährt. Diese symbolische Dunkelheit soll dem neuen Mitglied verdeutlichen, dass das wahre Wissen und die Weisheit, die die Freimaurerei bietet, nur durch das Überwinden der eigenen Unwissenheit erreicht werden können. Die Augenbinde wird erst am Ende der Zeremonie abgenommen, wenn der Kandidat symbolisch das „Licht" der Freimaurerei empfängt. Dieser Moment des „Erleuchtens" ist ein tiefgreifendes Erlebnis und stellt den Beginn eines neuen Lebensabschnitts dar, in dem der Freimaurer fortan nach Wahrheit und Weisheit strebt.

Ein weiterer wichtiger Bestandteil des Initiationsrituals ist der symbolische Schwur, den der Kandidat vor den Brüdern der Loge ablegt. Dieser Schwur ist ein Ausdruck der Loyalität und des Versprechens, die Prinzipien und Geheimnisse der Freimaurerei zu respektieren und zu schützen. Der Schwur stellt eine ethische Verpflichtung dar, die den Freimaurer daran bindet, die Werte der Bruderschaft sowohl innerhalb der Loge als auch im täglichen Leben zu wahren. Die Verpflichtung zur Verschwiegenheit, die Teil des Schwurs ist, hat eine lange Tradition in der Freimaurerei und unterstreicht das Vertrauen und die Diskretion, die innerhalb der Bruderschaft herrschen. Der Schwur ist ein feierliches Versprechen, das dem neuen Freimaurer die Bedeutung und Ernsthaftigkeit seiner Zugehörigkeit zur Freimaurerei bewusst macht.

In der Initiation spielen auch zahlreiche freimaurerische Symbole eine zentrale Rolle, die dem Kandidaten in Form von Werkzeugen und Gegenständen präsentiert werden. Diese Symbole, wie das Winkelmaß und der Zirkel, die bereits in vorhergehenden Kapiteln ausführlich behandelt wurden, dienen als Leitfaden für das moralische und ethische Verhalten des Freimaurers. Die Werkzeuge erinnern das neue Mitglied daran, dass es nun Teil einer Bruderschaft ist, die auf den Prinzipien der Gerechtigkeit, der Selbstbeherrschung und der Aufrichtigkeit basiert. Die Werkzeuge, die dem Kandidaten in die Hand gegeben werden, sind mehr als nur physische Gegenstände; sie sind Symbole für die ethischen und moralischen Grundsätze, die das Leben eines Freimaurers leiten sollen.

Das Initiationsritual ist darüber hinaus auch von bestimmten Bewegungen und Gesten geprägt, die symbolische Bedeutung haben. Der Weg des Kandidaten durch die Loge, die Positionen, die er einnimmt, und die Handlungen, die er ausführt, sind alle Teil einer tiefgründigen Symbolik, die ihm den spirituellen und ethischen Wert der Freimaurerei näherbringen sollen. So wird der Kandidat beispielsweise durch verschiedene Stationen in der Loge geführt, die jeweils bestimmte Lehren und Werte repräsentieren. Diese symbolische Reise ist eine Darstellung des Weges, den jeder Freimaurer auf seiner Suche nach Selbsterkenntnis und innerer Vervollkommnung beschreitet. Die Stationen in der Loge und die zugehörigen Rituale erinnern den Kandidaten daran, dass die Freimaurerei nicht nur eine intellektuelle Lehre, sondern eine Lebensweise ist, die körperlich, geistig und seelisch erlebt und verinnerlicht wird.

Ein weiteres zentrales Symbol in der Initiation ist das „Licht", das der Kandidat nach dem Ablegen seines Schwurs und der Abnahme der Augenbinde empfängt. Das „Licht" ist in der Freimaurerei ein Sinnbild für Wissen, Wahrheit und Erleuchtung. Der Moment, in dem der Kandidat das Licht erblickt, markiert symbolisch seinen Eintritt in eine neue Ebene des Bewusstseins und der Erkenntnis. Das Licht steht für das Streben nach Weisheit und die Suche nach der wahren Bedeutung des Lebens, die die Freimaurerei jedem Mitglied vermitteln möchte. Es ist ein Zeichen dafür, dass der Kandidat nun bereit ist, die Dunkelheit der Unwissenheit hinter sich zu lassen und den Weg der Erleuchtung zu beschreiten. Das Licht ist somit nicht nur ein Symbol, sondern auch ein Versprechen und eine Verpflichtung, sich auf die Suche nach Wissen und Wahrheit zu begeben.

Während der Initiation wird der Kandidat häufig von einem erfahrenen Freimaurer begleitet, der als „Pate" oder „Führer" fungiert. Dieser Pate hat die Aufgabe, den neuen Freimaurer durch das Ritual zu führen und ihm die Bedeutung der einzelnen symbolischen Handlungen zu erklären. Der Pate verkörpert die Rolle des Mentors und steht dem neuen Mitglied während der ersten Schritte auf dem Weg zur Selbsterkenntnis zur Seite. Er ist ein Symbol für die Unterstützung und die Brüderlichkeit, die die Freimaurerei ihren Mitgliedern bietet. Die Beziehung zwischen dem Paten und dem Kandidaten verdeutlicht die Verpflichtung der Freimaurer, sich gegenseitig zu unterstützen und zu fördern und die Werte der Bruderschaft gemeinsam zu leben.

Ein weiterer wichtiger Bestandteil des Initiationsrituals ist die Einführung des Kandidaten in die freimaurerische Gemeinschaft, die durch das Händeschütteln und die Annahme als „Bruder" symbolisiert wird.

Dieser Moment stellt die offizielle Aufnahme in die Bruderschaft dar und verleiht dem Kandidaten eine neue Identität als Freimaurer. Das Händeschütteln ist mehr als nur eine formale Geste; es symbolisiert die Verbindung und das Vertrauen zwischen den Brüdern und verdeutlicht, dass der Kandidat nun Teil einer Gemeinschaft ist, die ihn auf seinem Weg zur Selbsterkenntnis unterstützt. Die Brüderlichkeit ist ein zentrales Prinzip der Freimaurerei, und die Aufnahme des neuen Mitglieds in die Gemeinschaft ist ein bedeutender Schritt, der ihn in die Werte und Traditionen der Bruderschaft einführt.

Die Initiationsrituale der Freimaurerei sind somit weit mehr als nur eine formelle Aufnahmezeremonie. Sie sind eine symbolische Darstellung der Prinzipien und Werte, die die Freimaurerei ausmachen, und eine Einführung in die ethischen und spirituellen Lehren der Bruderschaft. Durch die verschiedenen symbolischen Handlungen und Lehren wird dem Kandidaten bewusst gemacht, dass die Freimaurerei eine Lebensweise ist, die ständige Arbeit an sich selbst und das Streben nach moralischer und spiritueller Vervollkommnung erfordert. Die Initiation ist der Beginn eines neuen Lebensabschnitts, in dem der Freimaurer sich verpflichtet, die Werte der Freimaurerei in seinem Denken und Handeln zu verkörpern und ein Leben im Einklang mit den Prinzipien der Gerechtigkeit, Aufrichtigkeit und Weisheit zu führen.

**Die Rolle des Schweigens und der Gelübde**

Das Schweigen und das Ablegen von Gelübden sind fundamentale Elemente in den Ritualen und der Philosophie der Freimaurerei. Sie dienen nicht nur der Geheimhaltung, sondern auch als Symbole für die persönliche und ethische Verpflichtung, die jedes Mitglied auf sich nimmt. Schweigen und Gelübde sind Teil der Initiationsrituale und durchziehen die freimaurerische Reise von Anfang an, indem sie das Mitglied an die ethischen und moralischen Prinzipien erinnern, die es im Rahmen der Bruderschaft akzeptiert. In diesem Unterkapitel wird die Bedeutung des Schweigens und der Gelübde in der Freimaurerei untersucht und erläutert, wie sie als Instrumente der Selbstdisziplin, der Loyalität und der Verinnerlichung der freimaurerischen Lehren dienen.

Das Schweigen in der Freimaurerei symbolisiert eine innere Haltung der Selbstbeherrschung, der Reflexion und der Disziplin. Es wird nicht nur im Rahmen der Geheimhaltung praktiziert, sondern auch als Methode der Selbstkontrolle und der Verinnerlichung von Wissen. Durch das Schweigen lernt der Freimaurer, das Gehörte und Erfahrene nach innen zu wenden und zu reflektieren, bevor es mit anderen geteilt wird. Die Fähigkeit zum Schweigen ist in der Freimaurerei eine Tugend, die als Zeichen der Weisheit und des inneren Gleichgewichts verstanden wird. Der Freimaurer wird durch das Schweigen ermutigt, seine Gedanken und Emotionen zu beherrschen, nicht vorschnell zu handeln oder zu sprechen, sondern geduldig und sorgfältig zu agieren. Das Schweigen steht auch für die Bereitschaft, das innere Wissen zu kultivieren und das freimaurerische Erbe in sich aufzunehmen, bevor es nach außen getragen wird.

Ein zentrales Element des Schweigens ist die Verpflichtung zur Verschwiegenheit über die Rituale und Lehren der Freimaurerei. Dieses Gelübde der Verschwiegenheit dient nicht nur der Bewahrung der geheimen Riten und Symbole, sondern auch dem Schutz der Bruderschaft und ihrer Mitglieder. Die Freimaurer betrachten das Wissen, das innerhalb der Loge geteilt wird, als heilig und als etwas, das nur von denen verstanden werden kann, die selbst den Weg der Initiation und der moralischen Reifung durchlaufen haben. Das Schweigegelübde ist somit eine Bekräftigung der Loyalität und der Bereitschaft, die Würde und Integrität der Freimaurerei zu schützen. Diese Verschwiegenheit hat eine lange Tradition und ist eine Erinnerung daran, dass das Wissen der Freimaurerei nicht in Worte gefasst oder ohne Bedacht weitergegeben werden kann, sondern eine tiefere Ebene der Selbsterkenntnis und ethischen Entwicklung erfordert.

Gelübde, die während der Initiation und in den weiteren Graden der Freimaurerei abgelegt werden, sind ebenso wichtige Bestandteile der freimaurerischen Praxis. Sie sind feierliche Schwüre, in denen sich das Mitglied verpflichtet, die Prinzipien und Werte der Freimaurerei zu achten und zu verkörpern. Diese Gelübde haben eine bindende Wirkung und sind Ausdruck des tiefen Vertrauens, das innerhalb der Bruderschaft herrscht. Durch das Ablegen eines Gelübdes erkennt das Mitglied die Bedeutung der freimaurerischen Lehren an und verpflichtet sich, diese Prinzipien sowohl in der Loge als auch im täglichen Leben umzusetzen. Die Gelübde erinnern die Freimaurer daran, dass sie eine Verantwortung gegenüber sich selbst und gegenüber der Bruderschaft tragen und dass die Werte der Freimaurerei nicht nur in den Ritualen, sondern auch im Umgang mit anderen Menschen gelebt werden sollen.

Das erste Gelübde, das ein neues Mitglied ablegt, ist das der Treue und der Loyalität zur Bruderschaft und zu seinen Brüdern. Dieses Gelübde ist nicht nur eine formelle Verpflichtung, sondern ein moralischer Vertrag, der die Verbindung zwischen dem neuen Freimaurer und der Gemeinschaft festigt. Durch das Treuegelübde bekräftigt das Mitglied seine Bereitschaft, die freimaurerischen Ideale zu leben und die Werte der Bruderschaft zu schützen. Die Treue zur Bruderschaft bedeutet auch die Akzeptanz der ethischen Prinzipien der Freimaurerei und die Verpflichtung, diese in der eigenen Lebensführung umzusetzen. Dieses erste Gelübde ist der Grundstein für die ethische und moralische Entwicklung, die der Freimaurer im Laufe seines Lebens weiterverfolgt.

Ein weiteres wichtiges Gelübde ist das der Hilfe und Unterstützung der Brüder innerhalb der Loge. Dieses Gelübde betont den Aspekt der Brüderlichkeit und die Verpflichtung, sich gegenseitig in allen Lebenslagen beizustehen. Die Freimaurer sehen sich als Teil einer Gemeinschaft, die auf Vertrauen, Respekt und Solidarität basiert, und das Gelübde zur Hilfe ist eine Verpflichtung, diese Werte zu leben. Durch das Hilfsgelübde verpflichtet sich der Freimaurer, seine Brüder in schwierigen Zeiten zu unterstützen und ihnen beizustehen. Diese Verpflichtung geht über die bloße Mitgliedschaft in einer Organisation hinaus und ist Ausdruck einer ethischen Haltung, die die Freimaurerei als Bruderschaft definiert. Das Hilfsgelübde ist ein Zeichen für die moralische Verantwortung, die jeder Freimaurer für seine Mitbrüder übernimmt und die den Zusammenhalt und die Einheit der Bruderschaft stärkt.

Ein drittes bedeutendes Gelübde in der Freimaurerei ist das der ständigen moralischen und spirituellen Weiterentwicklung. Der Freimaurer verpflichtet sich, an seiner Persönlichkeit und seinem Charakter zu arbeiten und die freimaurerischen Werte in seinem Leben zu verwirklichen. Dieses Gelübde ist eine Verpflichtung zur Selbsterkenntnis und zur ständigen Arbeit an sich selbst, um ein ethisch und moralisch erfülltes Leben zu führen. Es erinnert den Freimaurer daran, dass die Freimaurerei eine Lebensweise ist, die eine kontinuierliche Anstrengung und Hingabe erfordert. Die Selbstverpflichtung zur Vervollkommnung ist eines der zentralen Elemente der freimaurerischen Philosophie und steht im Einklang mit dem Grundsatz, dass jeder Freimaurer bestrebt sein sollte, ein „besserer Stein im Bauwerk der Menschheit" zu werden.

Schweigen und Gelübde spielen auch eine wichtige Rolle in den rituellen Handlungen der Freimaurerei und prägen die Beziehung des Freimaurers zur Bruderschaft und zu sich selbst. Während der Initiation und in den verschiedenen Graden werden diese Gelübde feierlich abgelegt und unterstreichen die Ernsthaftigkeit und die spirituelle Dimension der freimaurerischen Praxis. Die Verpflichtungen, die der Freimaurer eingeht, sind nicht nur symbolisch, sondern haben eine tiefgreifende Wirkung auf seine persönliche und ethische Entwicklung. Die Gelübde erinnern den Freimaurer daran, dass er Verantwortung für seine eigenen Handlungen und für die Gemeinschaft trägt und dass das Streben nach Wahrheit, Weisheit und Brüderlichkeit im Mittelpunkt seiner freimaurerischen Reise steht.

Das Schweigen und die Gelübde sind somit wesentliche Bestandteile der freimaurerischen Identität und prägen die Einstellung des Freimaurers gegenüber seinen Brüdern und der Gesellschaft.

Durch das Schweigen übt der Freimaurer Selbstdisziplin und zeigt Respekt vor den Geheimnissen der Bruderschaft. Die Gelübde hingegen sind Ausdruck einer tiefen ethischen Verpflichtung, die das Mitglied nicht nur auf die Werte der Freimaurerei verpflichtet, sondern auch auf das Streben nach einem Leben in Aufrichtigkeit, Integrität und Weisheit. Zusammen symbolisieren Schweigen und Gelübde die moralische und ethische Grundlage der Freimaurerei und erinnern die Mitglieder daran, dass sie Teil einer Bruderschaft sind, die auf Vertrauen, Respekt und gegenseitiger Unterstützung basiert.

## Rituale des Aufstiegs: Vom Lehrling zum Meister

Der Aufstieg vom Lehrling zum Meister ist ein bedeutender und symbolträchtiger Weg in der Freimaurerei. Dieser Prozess symbolisiert das Streben nach Selbsterkenntnis, Weisheit und ethischer Vervollkommnung und ist eng mit den rituellen Praktiken und den symbolischen Lehren der Bruderschaft verbunden. Die Freimaurerei unterteilt diesen Aufstieg in drei Grade: den Lehrlingsgrad, den Gesellengrad und den Meistergrad. Jeder dieser Grade steht für eine bestimmte Phase der persönlichen und geistigen Entwicklung und wird von einer rituellen Zeremonie begleitet, die dem Mitglied die symbolische Bedeutung und die ethischen Prinzipien des jeweiligen Grades vermittelt. Die Rituale des Aufstiegs sind daher nicht nur feierliche Handlungen, sondern tiefgreifende Erfahrungen, die den Freimaurer dazu anregen, seine Werte und Überzeugungen zu reflektieren und in Übereinstimmung mit den Prinzipien der Freimaurerei zu leben.

Der erste Grad, der Lehrlingsgrad, markiert den Eintritt des neuen Mitglieds in die Freimaurerei und bildet die Grundlage für seine freimaurerische Reise. Der Lehrling ist derjenige, der beginnt, die symbolischen Werkzeuge und Lehren der Freimaurerei kennenzulernen. Er steht am Anfang seines Weges und wird ermutigt, seine Gedanken und Handlungen zu beobachten und seine inneren Werte zu kultivieren. Der Lehrlingsgrad legt besonderen Wert auf Disziplin, Gehorsam und die Bereitschaft, von den erfahreneren Brüdern zu lernen. In diesem Grad wird der Lehrling mit den grundlegenden Symbolen der Freimaurerei vertraut gemacht, wie dem Winkelmaß und dem Zirkel, die ihn daran erinnern, seine Handlungen nach ethischen Maßstäben auszurichten und seine Leidenschaften zu zügeln. Die Rituale des Lehrlingsgrades verdeutlichen die Bedeutung von Selbstkontrolle und moralischer Integrität und legen den Grundstein für die weiteren Grade, die der Freimaurer durchlaufen wird.

Der Gesellengrad, der zweite Grad der Freimaurerei, stellt eine Erweiterung des Wissens und der Verantwortung dar, die der Freimaurer im Lehrlingsgrad erworben hat. Der Geselle ist jemand, der nicht nur die Grundlagen der Freimaurerei kennt, sondern auch begonnen hat, diese in seinem Leben anzuwenden und zu vertiefen. Die Rituale des Gesellengrades betonen das Streben nach Wissen und Verständnis und fordern den Freimaurer auf, seine intellektuellen Fähigkeiten zu entwickeln und sich aktiv an der Arbeit der Loge zu beteiligen. Der Gesellengrad symbolisiert den Übergang von der anfänglichen Ausbildung zur eigenständigen Reflexion und zum fortgeschrittenen Lernen. In diesem Grad wird der Freimaurer mit weiteren symbolischen Werkzeugen vertraut gemacht, wie dem Senkblei und der Wasserwaage, die ihn daran erinnern, stets aufrichtig und gerecht zu handeln und ein Gleichgewicht in seinem Leben zu wahren.

Die Rituale des Gesellengrades sind eine Aufforderung zur ständigen Weiterentwicklung und zur Suche nach Weisheit, die im Leben eines Freimaurers eine zentrale Rolle spielt.

Der höchste der drei Grade ist der Meistergrad, der das Ziel des Aufstiegs innerhalb der Freimaurerei darstellt. Der Meistergrad ist nicht nur eine Auszeichnung für das Wissen und die Erfahrung des Freimaurers, sondern auch eine Verpflichtung, die freimaurerischen Werte auf einer tieferen Ebene zu leben und zu fördern. Die Rituale des Meistergrades sind von besonderer Bedeutung, da sie symbolisch den Übergang von der profanen zur spirituellen Ebene darstellen und dem Freimaurer eine tiefere Einsicht in die Mysterien und Lehren der Freimaurerei vermitteln. Der Meister ist jemand, der die Symbolik und die ethischen Prinzipien der Freimaurerei verinnerlicht hat und bereit ist, Verantwortung zu übernehmen und die jüngeren Brüder auf ihrem Weg zu unterstützen. Im Meistergrad wird dem Freimaurer das symbolische Werkzeug des Hammers überreicht, das seine Kraft und Entschlossenheit symbolisiert, an sich selbst zu arbeiten und Hindernisse zu überwinden. Die Rituale des Meistergrades sind eine symbolische Reise zur Vervollkommnung und ermutigen den Freimaurer, stets nach Weisheit, Aufrichtigkeit und Brüderlichkeit zu streben.

Jeder der drei Grade ist von spezifischen rituellen Handlungen und Symbolen geprägt, die dem Freimaurer die Bedeutung und die Verantwortung des jeweiligen Grades verdeutlichen. Die Rituale des Aufstiegs vom Lehrling zum Meister sind so gestaltet, dass sie den Freimaurer dazu anregen, seine eigene persönliche und moralische Entwicklung zu reflektieren und zu vertiefen. Der Aufstieg durch die Grade ist nicht nur ein äußerer, sondern vor allem ein innerer Prozess, der dem Freimaurer hilft, seine Stärken und Schwächen zu erkennen und an sich selbst zu arbeiten.

Die Rituale des Aufstiegs sind eine Einladung zur Selbstreflexion und zur Suche nach der eigenen Wahrheit und Weisheit, die im Herzen der freimaurerischen Lehren stehen.

Die Rituale des Aufstiegs beinhalten auch Schwüre und Verpflichtungen, die der Freimaurer in jedem Grad ablegt und die seine Loyalität und seinen Einsatz für die Werte und Ziele der Freimaurerei bekräftigen. Diese Schwüre sind feierliche Versprechen, die das Mitglied an die ethischen Prinzipien und die Bruderschaft binden und ihm bewusst machen, dass die Freimaurerei eine Verpflichtung zu moralischer Integrität und Verantwortung ist. Durch diese Schwüre erkennt der Freimaurer die Bedeutung der freimaurerischen Werte an und verpflichtet sich, diese in seinem täglichen Leben umzusetzen und zu bewahren. Die Schwüre und Verpflichtungen sind ein Ausdruck des Vertrauens und der Loyalität, die innerhalb der Freimaurerei herrschen und die die Grundlage für die Einheit und den Zusammenhalt der Bruderschaft bilden.

Die Rituale des Aufstiegs haben somit eine doppelte Funktion: Sie sind einerseits feierliche und symbolische Handlungen, die den Freimaurer auf seinem Weg zur Vervollkommnung begleiten und ihm die Werte und Prinzipien der Freimaurerei vermitteln. Andererseits sind sie auch eine praktische Einführung in die ethischen und moralischen Verpflichtungen, die das Leben eines Freimaurers prägen und leiten sollen. Die Rituale des Aufstiegs sind eine Erinnerung daran, dass die Freimaurerei nicht nur eine intellektuelle oder philosophische Lehre ist, sondern eine Lebensweise, die ständige Arbeit und Hingabe erfordert.

**Jahresfeiern und traditionelle Versammlungen der Logen**

Jahresfeiern und traditionelle Versammlungen haben in der
Freimaurerei eine besondere Bedeutung und stellen zentrale
Elemente des gemeinschaftlichen Lebens innerhalb der Logen dar.
Diese Veranstaltungen sind nicht nur formelle Anlässe, sondern
Momente der Reflexion, des Zusammenhalts und der Feier der
freimaurerischen Werte. Durch festliche und rituelle Elemente
fördern sie das Gemeinschaftsgefühl und dienen der Erneuerung
des Engagements jedes Freimaurers für die ethischen und
moralischen Ideale der Bruderschaft. In diesem Unterkapitel
werfen wir einen detaillierten Blick auf die Bedeutung, die
Symbolik und die Abläufe dieser Jahresfeiern und Versammlungen
und wie sie die freimaurerische Tradition und Identität fördern.

Eine der bedeutendsten Jahresfeiern in der Freimaurerei ist die
sogenannte Sonnenwendfeier, die zur Sommersonnenwende
abgehalten wird. Die Sommersonnenwende markiert den längsten
Tag des Jahres und wird als Symbol für Licht, Erleuchtung und das
Streben nach Wissen betrachtet – zentrale Themen in der
freimaurerischen Philosophie. Die Sommersonnenwende steht in
der Freimaurerei auch für die persönliche Erleuchtung und das
Streben nach Weisheit und Wahrheit. In vielen Logen ist die
Sonnenwendfeier eine festliche Gelegenheit, bei der die
Freimaurer zusammenkommen, um die Erneuerung ihrer
Verpflichtungen zu feiern und ihre gemeinsame Suche nach
Weisheit zu bestärken. Die Sommerfeier ist oft geprägt von
Ritualen und Ansprachen, die die freimaurerischen Werte betonen
und die Mitglieder daran erinnern, sich weiterhin um ihre
persönliche und ethische Entwicklung zu bemühen.

Zur Wintersonnenwende, dem kürzesten Tag des Jahres, wird in
der Freimaurerei ebenfalls eine Feier abgehalten, die das Ende des
alten und den Beginn des neuen Sonnenzyklus symbolisiert.

Diese Feier, die häufig auch als „Fest des heiligen Johannes"
bezeichnet wird, ist ein Moment der Besinnung und der inneren
Einkehr. Während die Sommersonnenwende für das Licht und die
Erleuchtung steht, symbolisiert die Wintersonnenwende die
Rückkehr des Lichts nach der Dunkelheit und erinnert die
Freimaurer daran, dass Wissen und Weisheit selbst in dunklen
Zeiten angestrebt werden müssen. Die Wintersonnenwendfeier ist
eine Gelegenheit, das vergangene Jahr zu reflektieren und sich auf
das kommende Jahr vorzubereiten, in dem die Mitglieder ihre
moralischen und ethischen Ziele weiterverfolgen. Diese
Feierlichkeiten sind von festlichen Ritualen und Symbolen
begleitet, die die Werte der Selbsterkenntnis, der Brüderlichkeit
und des fortwährenden Strebens nach Erleuchtung betonen.

Neben den Sonnenwendfeiern gibt es in den Logen auch andere
traditionelle Jahresversammlungen, bei denen die Bruderschaft
ihre Gemeinschaft feiert und wichtige Angelegenheiten bespricht.
Eine dieser Versammlungen ist die sogenannte „Installation des
Meisters vom Stuhl". Der Meister vom Stuhl ist das höchste Amt
innerhalb der Loge und trägt die Verantwortung für die Leitung
der Versammlungen, die Einhaltung der Rituale und die
Vermittlung der freimaurerischen Lehren. Die Installation des
Meisters ist ein feierlicher Akt, der einmal im Jahr stattfindet und
das Engagement des neuen Meisters und der anderen Amtsträger
für die Prinzipien der Freimaurerei bekräftigt. Diese Zeremonie ist
ein wichtiger Moment in der Loge, da sie die Kontinuität und die
Stabilität der freimaurerischen Gemeinschaft sichert. Die
Mitglieder bezeugen ihre Loyalität und ihr Vertrauen in den neuen
Meister, der die Aufgabe übernimmt, die Loge im Sinne der
freimaurerischen Ideale zu führen.

Ein weiteres zentrales Element der Jahresversammlungen ist die Ehrung der verstorbenen Brüder, die sogenannte „Totenehrung". Diese Zeremonie ist ein wichtiger Bestandteil der Jahresfeiern und dient dazu, den verstorbenen Mitgliedern der Loge Respekt zu erweisen und ihrer in einer würdevollen und feierlichen Weise zu gedenken. Die Totenehrung verdeutlicht den Zusammenhalt der Bruderschaft über das Leben hinaus und symbolisiert die Wertschätzung und die Dankbarkeit für die Leistungen der verstorbenen Freimaurer. In dieser Zeremonie wird häufig eine Kerze für jeden verstorbenen Bruder entzündet, die das Licht und das Erbe symbolisiert, das dieser in der Bruderschaft hinterlassen hat. Die Totenehrung ist ein Moment der Besinnung und eine Erinnerung an die Sterblichkeit und die Vergänglichkeit des Lebens, die die Freimaurer dazu anregen, ihre Zeit auf Erden im Sinne der freimaurerischen Werte sinnvoll zu gestalten.

Jahresversammlungen bieten den Mitgliedern auch die Möglichkeit, wichtige Themen und Entwicklungen innerhalb der Loge zu besprechen und gemeinsame Entscheidungen zu treffen. Diese Versammlungen sind nicht nur feierliche, sondern auch administrative Ereignisse, bei denen Angelegenheiten wie die Aufnahme neuer Mitglieder, die Ernennung von Amtsträgern und die Planung zukünftiger Aktivitäten besprochen werden. Die Logenversammlung ist somit ein wichtiger Moment der Gemeinschaft und der Mitsprache, bei dem jedes Mitglied die Gelegenheit hat, seine Meinung einzubringen und zum Wohl der Bruderschaft beizutragen. Die Offenheit und die Gleichberechtigung, die in diesen Versammlungen gepflegt werden, spiegeln die freimaurerischen Prinzipien der Brüderlichkeit und des Respekts wider und stärken den Zusammenhalt der Gemeinschaft.

Darüber hinaus bieten die traditionellen Versammlungen und Feiern der Logen den Freimaurern die Gelegenheit, ihre sozialen Bindungen zu stärken und Freundschaften zu pflegen. In einer Zeit, in der die individuelle Entwicklung und das Streben nach Selbstverwirklichung eine große Rolle spielen, erinnern die gemeinschaftlichen Feierlichkeiten der Freimaurerei die Mitglieder daran, dass das Leben auch durch Gemeinschaft und die Unterstützung anderer bereichert wird. Die Feiern und Versammlungen sind Ausdruck der freimaurerischen Philosophie, die die persönliche Entwicklung in den Kontext der Bruderschaft und der sozialen Verantwortung stellt. Sie ermöglichen es den Freimaurern, ihre Werte gemeinsam zu leben und ihre Verpflichtungen gegenüber der Gemeinschaft zu erneuern.

Ein weiteres Element der Jahresversammlungen ist die rituelle Wiederholung und Vertiefung der freimaurerischen Lehren, die den Mitgliedern hilft, sich erneut mit den Prinzipien der Freimaurerei auseinanderzusetzen. Die Wiederholung von Symbolen und Riten in einem festlichen Rahmen verstärkt das Verständnis und die Verinnerlichung der freimaurerischen Werte und erinnert die Mitglieder daran, dass die Freimaurerei nicht nur eine intellektuelle Lehre, sondern eine Lebensweise ist. Durch die Jahresfeiern und die traditionellen Versammlungen werden die Freimaurer ermutigt, ihre Überzeugungen und Werte zu festigen und diese in ihrem täglichen Leben anzuwenden. Die regelmäßige Beschäftigung mit den Ritualen und Symbolen der Freimaurerei bietet den Mitgliedern eine Gelegenheit zur Reflexion und zur inneren Einkehr, die sie auf ihrem freimaurerischen Weg begleitet.

Insgesamt sind die Jahresfeiern und traditionellen Versammlungen der Logen nicht nur festliche, sondern auch bedeutungsvolle Ereignisse, die den Zusammenhalt und die Einheit der freimaurerischen Gemeinschaft fördern.

Sie bieten den Mitgliedern die Möglichkeit, ihre gemeinsame Suche nach Weisheit, Wahrheit und Brüderlichkeit zu feiern und ihre Verpflichtungen gegenüber der Bruderschaft zu erneuern. Durch die festlichen Rituale und die rituellen Handlungen werden die freimaurerischen Prinzipien in lebendiger Weise veranschaulicht und die Werte der Freimaurerei in das Bewusstsein jedes Mitglieds gerufen. Die Jahresfeiern und traditionellen Versammlungen sind daher nicht nur wichtige Ereignisse im Kalender der Loge, sondern auch Meilensteine auf dem Weg der freimaurerischen Selbsterkenntnis und der moralischen Vervollkommnung.

# Ethik und Philosophie

Die philosophischen und ethischen Prinzipien der Freimaurer und ihr Einfluss

Die Freimaurerei ist mehr als nur eine historische Bruderschaft; sie ist ein moralischer und philosophischer Weg, der darauf abzielt, das ethische Bewusstsein ihrer Mitglieder zu fördern und sie in ihrer persönlichen und gesellschaftlichen Entwicklung zu unterstützen. Ihre Werte basieren auf tief verwurzelten ethischen Prinzipien, die sich über Jahrhunderte hinweg entwickelt und gefestigt haben. In diesem Kapitel tauchen wir ein in die ethischen und philosophischen Grundlagen der Freimaurerei und erkunden, wie sie den einzelnen Freimaurer prägen und ihn motivieren, ein Leben im Dienste der Menschlichkeit und moralischen Integrität zu führen.

Zentral für das Verständnis der freimaurerischen Ethik ist das Streben nach Wahrheit, das die Freimaurer seit jeher als einen Prozess der Selbsterkenntnis und der Erkenntnis des Universums betrachten. Die Freimaurerei ermutigt ihre Mitglieder, ihre inneren Werte kontinuierlich zu reflektieren und ihre Überzeugungen an hohen moralischen Maßstäben zu messen. Diese Selbstreflexion wird unterstützt durch die symbolische Sprache der Freimaurerei, die als Anker dient, um die Lehren in einer greifbaren Form zu präsentieren. Durch Symbole, Rituale und die Hierarchien der Logen wird den Freimaurern vermittelt, dass jeder Fortschritt auf ihrem Weg nicht nur für sie selbst, sondern auch für ihre Gemeinschaft von Bedeutung ist.

Die ethischen Prinzipien, die den Kern der Freimaurerei bilden, basieren auf den Idealen der Brüderlichkeit, der Toleranz und der Verpflichtung zur Wahrheitssuche, die jeden Freimaurer dazu anregen, sich selbst und seine Umgebung kritisch zu hinterfragen.

Die Ethik der Freimaurer ist eng verbunden mit ihrer Philosophie, die eine humanistische Sichtweise auf den Menschen und seine Rolle im Universum umfasst. Die Freimaurer glauben daran, dass der Mensch im Grunde gut ist und ein Potenzial zur moralischen Entwicklung in sich trägt. Diese humanistische Überzeugung, die eng mit den Idealen der Aufklärung verbunden ist, hebt die Bedeutung von Freiheit, Gleichheit und Brüderlichkeit hervor – Prinzipien, die bis heute das Herzstück der freimaurerischen Lehren bilden. Die Freimaurerei sieht sich als Hüterin dieser Werte und versucht, sie durch die ethische Entwicklung ihrer Mitglieder in der Gesellschaft zu verankern. Das Ziel ist es, jedem Freimaurer ein Verständnis für seine Verantwortung gegenüber seinen Mitmenschen und der Gesellschaft zu vermitteln und ihn anzuregen, ein Leben zu führen, das von Integrität, Ehrlichkeit und Mitgefühl geprägt ist.

Ein weiteres wichtiges Element der freimaurerischen Ethik ist die Toleranz, die die Freimaurer als einen wesentlichen Aspekt des friedlichen Zusammenlebens betrachten. Innerhalb der Loge begegnen sich Menschen unterschiedlichster Herkunft, Religion und Kultur, die alle als Brüder behandelt werden. Dieser Toleranzgedanke wird als universelle Verpflichtung betrachtet, die jeden Freimaurer dazu anregt, andere Meinungen und Überzeugungen zu respektieren, auch wenn sie von seinen eigenen abweichen. Die Freimaurerei erkennt die Vielfalt der menschlichen Erfahrungen und Meinungen an und fördert das gegenseitige Verständnis und die Akzeptanz von Unterschieden.

Die Toleranz der Freimaurerei ist daher kein passives Erdulden anderer Ansichten, sondern eine aktive Verpflichtung, das Wohlergehen und die Würde aller Menschen zu achten.

Die Philosophie der Freimaurer schließt auch eine tiefgreifende Verpflichtung zur Wahrheitssuche ein, die als moralisches Ziel betrachtet wird. Wahrheit in der Freimaurerei ist jedoch nicht statisch oder dogmatisch, sondern ein lebendiger, dynamischer Prozess. Freimaurer sind ermutigt, ihren eigenen Weg zur Wahrheit zu finden, indem sie ihre Kenntnisse und Überzeugungen fortwährend hinterfragen und erweitern. In den Logen wird die Wahrheitssuche als eine kollektive Anstrengung betrachtet, bei der die Freimaurer durch den Austausch mit ihren Brüdern und die Beschäftigung mit der freimaurerischen Symbolik und Philosophie Erkenntnisse gewinnen. Diese Verpflichtung zur Wahrheit ist sowohl eine persönliche als auch eine gemeinschaftliche Aufgabe, die das Ziel hat, die Mitglieder der Freimaurerei zu einer tieferen Erkenntnis über sich selbst und die Welt zu führen.

Zusätzlich zu den ethischen und philosophischen Grundsätzen spielt die Freimaurerei eine bedeutende Rolle im gesellschaftlichen Kontext. Freimaurerische Ideale wie Gerechtigkeit, Nächstenliebe und die Bereitschaft, anderen zu helfen, sind wesentliche Elemente der freimaurerischen Identität. Die Freimaurer glauben daran, dass jedes Mitglied Verantwortung gegenüber seiner Gemeinschaft und Gesellschaft trägt und seine Fähigkeiten und sein Wissen zum Wohle anderer einsetzen sollte. Dies zeigt sich in den zahlreichen wohltätigen Projekten, die von Freimaurerlogen weltweit unterstützt werden, und in der Verpflichtung jedes Freimaurers, sich aktiv für das Gemeinwohl einzusetzen. Die Philosophie der Freimaurer ermutigt die Mitglieder, sich ihrer Rolle in der Gesellschaft bewusst zu sein und mit ihrem Handeln einen positiven Einfluss zu hinterlassen.

Insgesamt ist die Freimaurerei eine ethische und philosophische Bewegung, die ihre Mitglieder zu einem Leben der Integrität, der Reflexion und des Dienens anleitet. Ihre Prinzipien und Werte sind zeitlos und dienen als moralischer Kompass für diejenigen, die sich in ihren Reihen einfinden. Die Freimaurerethik ist mehr als eine Lehre – sie ist eine Lebensweise, die auf Respekt, Verantwortung und der unermüdlichen Suche nach Wahrheit basiert. Dieses Kapitel bietet einen tiefgehenden Einblick in die Philosophie und Ethik der Freimaurer und zeigt auf, wie diese Werte und Überzeugungen das Leben und das Denken der Freimaurer prägen und einen positiven Einfluss auf die Gesellschaft als Ganzes haben.

## Freimaurerei und Humanismus: Ein moralischer Kodex

Die Freimaurerei ist eng mit den Grundideen des Humanismus verbunden, die in Europa insbesondere während der Renaissancezeit neue ethische und philosophische Maßstäbe setzten. Humanismus betont die Würde des Einzelnen, das Streben nach Wissen, das verantwortungsbewusste Handeln und die Verpflichtung zu einer besseren Gesellschaft. Diese Grundsätze bilden auch die Basis für den moralischen Kodex der Freimaurerei, die ihre Mitglieder dazu anregt, sich persönlich und ethisch weiterzuentwickeln und eine aktive Rolle in der Gesellschaft zu übernehmen. In diesem Unterkapitel beleuchten wir die Verbindungen zwischen Freimaurerei und Humanismus und erläutern, wie humanistische Werte in den ethischen Prinzipien und den praktischen Handlungen der Freimaurer zum Ausdruck kommen.

Der Humanismus, der sich während der Renaissance im 14. und 15. Jahrhundert in Europa entwickelte, betonte das Potenzial des Individuums zur Selbstverwirklichung, zur moralischen Autonomie und zur intellektuellen Entwicklung. Diese Werte bildeten einen Gegenpol zu den autoritären Strukturen und religiösen Dogmen, die das mittelalterliche Leben prägten. Der Humanismus propagierte die Auffassung, dass der Mensch in der Lage ist, durch Vernunft, Wissen und Ethik zu einem besseren Verständnis von sich selbst und der Welt zu gelangen. In dieser Hinsicht stehen die Prinzipien der Freimaurerei in enger Verbindung mit dem Humanismus, da auch die Freimaurer daran glauben, dass die Entwicklung des individuellen Potenzials und die Förderung ethischen Handelns zur Erfüllung des menschlichen Daseins beitragen.

Der moralische Kodex der Freimaurerei basiert auf den Grundsätzen der Toleranz, der Brüderlichkeit, der Gerechtigkeit und der Weisheit, die auch zu den zentralen Ideen des Humanismus gehören. Die Freimaurer sehen diese Werte als universell und unabhängig von Kultur, Religion oder sozialem Status und betrachten sie als Grundlage für ein harmonisches und gerechtes Miteinander. Toleranz ist ein zentraler Wert in der Freimaurerei und wird als Respekt gegenüber unterschiedlichen Meinungen, Glaubensrichtungen und Lebensweisen verstanden. Die Freimaurer glauben, dass wahre Toleranz nur dann erreicht werden kann, wenn der Einzelne bereit ist, sich selbst und seine Überzeugungen zu hinterfragen und andere in ihrer Verschiedenheit zu akzeptieren. Diese Toleranz ist jedoch kein passives Ertragen, sondern ein aktiver Respekt, der darauf abzielt, ein Klima des gegenseitigen Verständnisses und der Offenheit zu fördern.

Die Brüderlichkeit, ein weiterer wesentlicher Wert des freimaurerischen Humanismus, betont die Verbundenheit und Solidarität aller Menschen. Für die Freimaurer ist die Loge ein Ort, an dem Menschen unterschiedlicher Herkunft, Religion und Weltanschauung zusammenkommen, um gemeinsam an ihrer ethischen und spirituellen Entwicklung zu arbeiten. Die Brüderlichkeit innerhalb der Loge ist ein Modell für das ideale Zusammenleben der Menschen, das auf Respekt, Vertrauen und gegenseitiger Unterstützung basiert. Die Freimaurer sehen in der Brüderlichkeit nicht nur eine Verpflichtung gegenüber ihren Brüdern in der Loge, sondern auch eine Verantwortung gegenüber der Gesellschaft als Ganzes. Diese Verpflichtung zeigt sich in zahlreichen wohltätigen und sozialen Aktivitäten der Freimaurer, die das Ziel haben, das Wohl der Gemeinschaft zu fördern und zur Lösung gesellschaftlicher Probleme beizutragen.

Die Gerechtigkeit, die ebenfalls im humanistischen Denken eine zentrale Rolle spielt, ist ein weiterer Grundpfeiler des freimaurerischen Kodex. Für die Freimaurer bedeutet Gerechtigkeit, dass jeder Mensch mit Respekt und Fairness behandelt werden soll und dass Entscheidungen auf Grundlage ethischer Prinzipien getroffen werden. In der freimaurerischen Symbolik wird die Gerechtigkeit durch das Winkelmaß repräsentiert, das den Freimaurer daran erinnert, seine Handlungen an den Prinzipien der Ehrlichkeit und der Fairness auszurichten. Gerechtigkeit ist nicht nur ein abstrakter Wert, sondern ein Prinzip, das im täglichen Leben umgesetzt werden soll, indem die Freimaurer sich bemühen, in ihren Entscheidungen und Handlungen gerecht und aufrichtig zu sein. Diese Verpflichtung zur Gerechtigkeit ist ein Ausdruck der Überzeugung, dass eine gerechte Gesellschaft nur dann erreicht werden kann, wenn der Einzelne Verantwortung übernimmt und sich ethisch korrekt verhält.

Weisheit, ein weiterer humanistischer und freimaurerischer Wert, wird als die Fähigkeit zur inneren Einsicht und zum Verstehen der menschlichen Natur betrachtet. Die Freimaurer glauben, dass Weisheit das Ergebnis von Wissen und Erfahrung ist und dass sie nur durch kontinuierliches Lernen und das Streben nach Wahrheit erreicht werden kann. Weisheit ist in der Freimaurerei mehr als nur intellektuelles Wissen; sie ist das Bewusstsein, dass das menschliche Leben mit Verantwortung und ethischem Handeln verbunden ist. Die Weisheit steht in der freimaurerischen Symbolik für das Licht, das den Freimaurer auf seinem Weg zur Erleuchtung führt und ihm hilft, das Wesentliche von dem Unwesentlichen zu unterscheiden. Weisheit ist die Fähigkeit, das eigene Leben und das Leben anderer mit Mitgefühl, Einsicht und ethischem Bewusstsein zu betrachten und zu gestalten.

Der moralische Kodex der Freimaurerei ist nicht nur eine Sammlung von Werten, sondern ein praktisches Leitbild, das die Freimaurer in ihrem Leben umsetzen. Dieser Kodex erfordert von jedem Freimaurer, dass er sich nicht nur intellektuell, sondern auch ethisch weiterentwickelt und sein Leben nach den Prinzipien des Humanismus und der Freimaurerei ausrichtet. Die Freimaurer sehen sich als Teil einer globalen Gemeinschaft, die das Ziel hat, die Menschheit zu verbessern und die moralischen Grundlagen einer gerechten und friedlichen Gesellschaft zu fördern. Die freimaurerischen Werte sind dabei nicht auf die Loge beschränkt, sondern sollen im täglichen Leben Anwendung finden und den Freimaurer dazu anregen, ein vorbildliches Leben zu führen und ein positiver Einfluss auf seine Umgebung zu sein.

Ein Beispiel für die praktische Umsetzung des freimaurerischen Kodex ist das Engagement der Freimaurer in wohltätigen und sozialen Projekten. Viele Logen setzen sich für Bildungsprojekte, Stipendien und humanitäre Hilfe ein, um das Wohl der Gesellschaft zu fördern und den Menschen in Not beizustehen.

Diese Aktivitäten sind Ausdruck des humanistischen Gedankens der Freimaurerei, der darauf abzielt, die Menschheit zu verbessern und das individuelle und kollektive Wohl zu fördern. Die Freimaurer sehen in diesem Engagement einen Ausdruck ihrer Brüderlichkeit und ihrer Verantwortung gegenüber der Gesellschaft und glauben, dass sie durch ihre Taten einen Beitrag zu einer besseren Welt leisten können. Diese wohltätigen Aktivitäten sind Teil des freimaurerischen Erbes und ein konkretes Beispiel dafür, wie die Prinzipien des Humanismus in der Freimaurerei gelebt werden.

Zusammengefasst ist die Freimaurerei stark vom Humanismus geprägt und teilt mit ihm das Streben nach einer ethischen und verantwortungsbewussten Lebensweise. Der moralische Kodex der Freimaurer ist ein Leitfaden für die persönliche und soziale Verantwortung, die auf den Prinzipien der Toleranz, der Brüderlichkeit, der Gerechtigkeit und der Weisheit basiert. Die Freimaurer glauben, dass diese Werte die Grundlage für ein harmonisches und gerechtes Zusammenleben bilden und dass jeder Einzelne eine Verantwortung hat, sich selbst und seine Gemeinschaft im Sinne dieser Werte zu entwickeln und zu fördern. Durch die Verbindung von humanistischen und freimaurerischen Prinzipien wird die Freimaurerei zu einer Lebensweise, die das Streben nach persönlicher und kollektiver Vervollkommnung als ihren zentralen Zweck betrachtet und ihren Mitgliedern einen ethischen und moralischen Kompass bietet, der sie auf ihrem Weg zur Selbstverwirklichung und zur Verbesserung der Gesellschaft leitet.

## Die universelle Brüderlichkeit und ihre Grundsätze

Die universelle Brüderlichkeit ist eines der zentralen und zugleich herausragendsten Prinzipien der Freimaurerei. Dieses Konzept geht weit über die formale Zugehörigkeit zur Bruderschaft hinaus und beschreibt eine Haltung der Verbundenheit, die alle Menschen in ihrer Menschlichkeit anerkennt. Die Brüderlichkeit ist in der Freimaurerei nicht nur ein Ideal, sondern ein ethischer Grundsatz, der das Denken und Handeln jedes Freimaurers prägen soll. Sie ist ein symbolisches Band, das die Freimaurer miteinander verbindet und sie gleichzeitig dazu anregt, sich für die Förderung des Friedens, der Toleranz und des Verständnisses in der Gesellschaft einzusetzen. In diesem Unterkapitel untersuchen wir die Grundsätze der universellen Brüderlichkeit und beleuchten, wie dieses Prinzip in der freimaurerischen Praxis gelebt wird und welche Bedeutung es für die Freimaurer und für die Gesellschaft hat.

Die Idee der Brüderlichkeit in der Freimaurerei gründet auf der Überzeugung, dass alle Menschen trotz ihrer Unterschiede in Bezug auf Herkunft, Kultur oder Glauben gleichwertig und miteinander verbunden sind. Diese Idee wurzelt in den ethischen und philosophischen Prinzipien des Humanismus und drückt sich im freimaurerischen Motto „Freiheit, Gleichheit, Brüderlichkeit" aus. Die Freimaurer glauben, dass die Anerkennung der gemeinsamen Menschlichkeit der erste Schritt zu einem harmonischen und gerechten Zusammenleben ist. Brüderlichkeit bedeutet, den Mitmenschen mit Respekt, Mitgefühl und Verständnis zu begegnen und die Unterschiede zu überwinden, die oft zu Spaltung und Konflikten führen.

In der Freimaurerei ist die Brüderlichkeit ein verbindendes Element, das die Loge zu einem Raum macht, in dem Menschen aus unterschiedlichen sozialen und kulturellen Hintergründen als Gleiche zusammenkommen und die Unterschiede in Herkunft, Glaube oder sozialem Status hinter sich lassen.

Einer der wesentlichen Grundsätze der universellen Brüderlichkeit ist die Toleranz, die in der Freimaurerei als grundlegende ethische Haltung verstanden wird. Toleranz bedeutet für die Freimaurer nicht nur das bloße Akzeptieren von Unterschieden, sondern eine aktive und respektvolle Auseinandersetzung mit anderen Meinungen und Lebensweisen. Die Freimaurer glauben, dass wahre Brüderlichkeit nur dann erreicht werden kann, wenn man bereit ist, anderen Menschen mit Offenheit und Respekt zu begegnen und deren Würde und Individualität anzuerkennen. Die Toleranz innerhalb der Freimaurerei ist daher nicht nur ein persönliches Ideal, sondern ein wesentlicher Bestandteil der freimaurerischen Philosophie. Sie zeigt sich in der Bereitschaft, voneinander zu lernen, andere Perspektiven zu verstehen und die Vielfalt als eine Bereicherung der Gemeinschaft zu betrachten. Die Toleranz ist in der Freimaurerei das Fundament der Brüderlichkeit und ermöglicht den Freimaurern, trotz unterschiedlicher Überzeugungen und Ansichten gemeinsam an ihren ethischen Zielen zu arbeiten.

Ein weiterer Grundsatz der universellen Brüderlichkeit ist die Solidarität, die in der Freimaurerei als Verpflichtung verstanden wird, die Brüder in der Loge und die Gemeinschaft zu unterstützen. Die Solidarität drückt sich in der gegenseitigen Hilfe und im aktiven Engagement für das Wohl der Bruderschaft und der Gesellschaft aus. Für die Freimaurer bedeutet Solidarität, dass sie einander in schwierigen Zeiten beistehen und sich gegenseitig unterstützen, sei es im persönlichen, sozialen oder beruflichen Bereich.

Die Solidarität innerhalb der Loge wird durch verschiedene wohltätige Aktivitäten und soziale Projekte gefördert, die die Freimaurer gemeinsam organisieren, um Bedürftigen zu helfen und die Lebensbedingungen ihrer Mitmenschen zu verbessern. Diese Solidarität ist ein Ausdruck der Brüderlichkeit, die nicht nur in Worten, sondern auch in Taten gelebt wird und den Freimaurern die Möglichkeit gibt, ihre ethischen Prinzipien in der Praxis zu verwirklichen.

Die universelle Brüderlichkeit wird auch durch das Prinzip der gegenseitigen Achtung und des Respekts geprägt. In der Freimaurerei bedeutet Respekt, dass jeder Mensch unabhängig von seiner Herkunft, Religion oder sozialen Stellung mit Würde und Anerkennung behandelt wird. Respekt ist ein Grundpfeiler der Brüderlichkeit und die Grundlage für eine vertrauensvolle und harmonische Gemeinschaft. Die Freimaurer glauben, dass echter Respekt nur durch den aufrichtigen Willen zur Verständigung und zur Akzeptanz anderer erreicht werden kann. In der Loge wird dieser Respekt durch das gemeinsame Arbeiten und den gegenseitigen Austausch gefördert, der die Mitglieder dazu anregt, ihre eigenen Vorurteile zu hinterfragen und ihre Wahrnehmung zu erweitern. Respekt ist in der Freimaurerei daher nicht nur eine formale Höflichkeit, sondern eine tief verwurzelte ethische Haltung, die den Umgang der Freimaurer untereinander und mit der Gesellschaft bestimmt.

Die Brüderlichkeit in der Freimaurerei ist jedoch nicht auf die Mitglieder der Loge beschränkt, sondern schließt auch die Verantwortung gegenüber der gesamten Menschheit ein. Die Freimaurer glauben, dass die Prinzipien der Brüderlichkeit universell sind und dass ihre Verpflichtung zur Menschlichkeit und zum sozialen Engagement über die Loge hinausgeht.

Viele Freimaurer engagieren sich in wohltätigen Organisationen, Stiftungen und sozialen Projekten, die das Ziel haben, das Leben von Menschen in Not zu verbessern und zur Förderung des Gemeinwohls beizutragen. Diese Aktivitäten sind Ausdruck der Überzeugung, dass die freimaurerischen Werte der Brüderlichkeit und Solidarität im täglichen Leben und in der Gesellschaft verwirklicht werden sollten. Die universelle Brüderlichkeit ist in der Freimaurerei daher auch eine Aufforderung, die ethischen Prinzipien nicht nur innerhalb der Loge, sondern auch im eigenen Umfeld zu leben und einen Beitrag zur Förderung des Friedens und der Gerechtigkeit in der Welt zu leisten.

Ein wesentliches Merkmal der universellen Brüderlichkeit in der Freimaurerei ist das Ideal der Gleichheit, das alle Menschen unabhängig von ihrem sozialen oder kulturellen Hintergrund als gleichwertig betrachtet. Die Freimaurer glauben, dass die Gleichheit die Grundlage für ein gerechtes und friedliches Zusammenleben ist und dass sie die Voraussetzung für echte Brüderlichkeit bildet. In der Loge sind alle Mitglieder gleichberechtigt, unabhängig von ihrem Rang, ihrem Beruf oder ihrem sozialen Status. Dieses Prinzip der Gleichheit fördert den Zusammenhalt und das Vertrauen unter den Mitgliedern und schafft eine Atmosphäre des gegenseitigen Respekts und der Anerkennung. Die Gleichheit in der Freimaurerei zeigt sich in der Art und Weise, wie die Mitglieder miteinander kommunizieren und zusammenarbeiten und in ihrer gemeinsamen Verpflichtung, die ethischen und moralischen Ziele der Bruderschaft zu fördern.

Die universelle Brüderlichkeit ist in der Freimaurerei auch ein Ausdruck der spirituellen Verbundenheit, die die Mitglieder miteinander und mit der gesamten Menschheit verbindet.

Die Freimaurer glauben, dass jeder Mensch ein Teil des größeren
Ganzen ist und dass das Leben eine Verbindung zwischen allen
Menschen schafft, die über nationale, religiöse und kulturelle
Grenzen hinausgeht. Diese spirituelle Verbundenheit ist eine
Quelle der Inspiration und der Ermutigung für die Freimaurer und
erinnert sie daran, dass sie eine Verantwortung gegenüber ihren
Mitmenschen und der Welt tragen. Die spirituelle Dimension der
Brüderlichkeit zeigt sich in der Freimaurerei durch das Streben
nach Weisheit und Wahrheit und durch die Bemühung, ein Leben
im Einklang mit den ethischen und moralischen Prinzipien zu
führen, die das Wohl der Gemeinschaft fördern.

Zusammenfassend ist die universelle Brüderlichkeit ein zentrales
Prinzip der Freimaurerei, das auf den Grundsätzen der Toleranz,
Solidarität, gegenseitigen Achtung und Gleichheit beruht. Die
Freimaurer sehen in der Brüderlichkeit eine Verpflichtung, die
über die Grenzen der Loge hinausgeht und die gesamte
Menschheit einschließt. Die Brüderlichkeit ist für die Freimaurer
nicht nur ein Ideal, sondern eine praktische Haltung, die im
täglichen Leben umgesetzt wird und die das Ziel hat, Frieden,
Verständnis und Gerechtigkeit zu fördern. Die universelle
Brüderlichkeit ist in der Freimaurerei daher ein Leitbild für ein
ethisches und verantwortungsbewusstes Leben, das auf den
Prinzipien des Humanismus und der Menschlichkeit basiert und
die Freimaurer dazu anregt, ihren Beitrag zu einer besseren und
gerechteren Welt zu leisten.

## Persönliche Entwicklung und Selbstfindung

Die Freimaurerei betrachtet die persönliche Entwicklung und
Selbstfindung als zentrale Aspekte ihres ethischen und
philosophischen Ansatzes. Die Mitglieder der Bruderschaft
werden dazu ermutigt, ihr eigenes Potenzial zu entfalten, ihre
Fähigkeiten zu stärken und sich zu einer besseren Version ihrer
selbst zu entwickeln. Der Weg der persönlichen Entwicklung und
der Selbstfindung ist für die Freimaurer jedoch nicht allein ein
individueller Prozess, sondern vielmehr ein Weg, der in den
Kontext der ethischen und moralischen Prinzipien der
Freimaurerei eingebettet ist. Diese Prinzipien geben den
Mitgliedern Orientierung und dienen als Leitlinien, um sich nicht
nur auf persönlicher Ebene weiterzuentwickeln, sondern auch
Verantwortung gegenüber der Gesellschaft zu übernehmen. In
diesem Unterkapitel beleuchten wir die verschiedenen Aspekte
der persönlichen Entwicklung und Selbstfindung in der
Freimaurerei und wie diese Philosophie das Leben und die
Einstellung der Mitglieder prägt.

Die Freimaurerei sieht die persönliche Entwicklung als eine
lebenslange Aufgabe, die mit der Fähigkeit beginnt, sich selbst
ehrlich zu hinterfragen und zu reflektieren. Selbstreflexion ist in
der Freimaurerei ein wichtiger Grundsatz, der die Grundlage für
Selbsterkenntnis und Selbstverbesserung bildet. Die Freimaurer
glauben, dass wahre Entwicklung nur dann möglich ist, wenn man
bereit ist, seine eigenen Stärken und Schwächen zu erkennen und
an ihnen zu arbeiten. Dieser Prozess der Selbstreflexion ist in der
freimaurerischen Praxis tief verwurzelt und wird durch die
Rituale und symbolischen Handlungen innerhalb der Loge
unterstützt. In den Ritualen der Freimaurerei begegnet das
Mitglied verschiedenen Symbolen und Lehren, die ihm helfen, sich
selbst besser zu verstehen und die Grundsätze der Freimaurerei
auf das eigene Leben anzuwenden.

Diese Symbolik ermutigt die Freimaurer, sich auf eine Reise der inneren Erkundung zu begeben und die Fragen nach ihrem Charakter, ihren Werten und ihrer Rolle in der Welt zu stellen.

Ein zentrales Symbol für die persönliche Entwicklung in der Freimaurerei ist der „raue Stein", der im Initiationsritual des Lehrlingsgrades eine bedeutende Rolle spielt. Der raue Stein steht für den rohen und ungeschliffenen Zustand des Individuums, das noch nicht alle seine Fähigkeiten und Potenziale entfaltet hat. Im Verlauf des freimaurerischen Weges wird der raue Stein symbolisch bearbeitet und in einen „behauenen Stein" verwandelt, der für die Vervollkommnung und die moralische Reifung steht. Dieser Prozess des „Schleifens" des Steins ist eine Metapher für die Arbeit an sich selbst, die der Freimaurer in seinem Leben vollzieht. Der Freimaurer wird dazu ermutigt, seine Ecken und Kanten abzurunden, seine Schwächen zu überwinden und sich zu einer gereiften Persönlichkeit zu entwickeln. Der raue Stein ist somit ein kraftvolles Symbol für die persönliche Entwicklung und die Verpflichtung zur Selbstverbesserung, die die Freimaurerei fordert.

Selbstfindung in der Freimaurerei bedeutet nicht nur die Suche nach der eigenen Identität, sondern auch die Erkenntnis der eigenen Werte und Überzeugungen. Die Freimaurer sehen die Selbstfindung als eine innere Reise, die dazu führt, das eigene Potenzial zu erkennen und zu entfalten. Diese Suche nach dem Selbst ist eng mit den ethischen und moralischen Grundsätzen der Freimaurerei verbunden, die den Freimaurern als Orientierung dienen und ihnen helfen, ihre Entscheidungen und Handlungen im Sinne dieser Prinzipien zu gestalten. Die Freimaurerei lehrt, dass Selbstfindung nicht nur ein Ziel, sondern ein kontinuierlicher Prozess ist, der das ganze Leben andauert.

Durch das Streben nach Selbstfindung wird der Freimaurer dazu angeregt, sein Leben in Übereinstimmung mit seinen Werten zu führen und seine Verantwortung gegenüber sich selbst und der Gemeinschaft wahrzunehmen.

Ein weiteres Prinzip, das die persönliche Entwicklung und Selbstfindung in der Freimaurerei prägt, ist die Idee der Selbstdisziplin. Selbstdisziplin ist in der Freimaurerei eine Tugend, die die Mitglieder dazu befähigt, ihre Leidenschaften und Wünsche zu kontrollieren und ihr Leben nach ethischen Grundsätzen auszurichten. Der Freimaurer lernt, sich selbst zu beherrschen und sich von seinen eigenen Impulsen nicht leiten zu lassen. Diese Fähigkeit zur Selbstdisziplin ist ein wichtiger Bestandteil der persönlichen Entwicklung und hilft dem Freimaurer, sich auf das Wesentliche zu konzentrieren und seine Energie und Aufmerksamkeit auf das Erreichen seiner ethischen und spirituellen Ziele zu richten. Die Selbstdisziplin ist in der freimaurerischen Symbolik durch den Zirkel repräsentiert, der für die Fähigkeit steht, sich selbst Grenzen zu setzen und das eigene Leben in Harmonie mit den Prinzipien der Freimaurerei zu gestalten.

Auch die Suche nach Weisheit ist ein zentraler Bestandteil der persönlichen Entwicklung und Selbstfindung in der Freimaurerei. Die Freimaurer glauben, dass Weisheit nicht nur durch Wissen, sondern auch durch Erfahrung und Reflexion erlangt wird. Die Suche nach Weisheit ist ein Prozess des Lernens und der inneren Reifung, der den Freimaurern hilft, die Welt und ihre Rolle in ihr besser zu verstehen. Weisheit bedeutet in der Freimaurerei auch die Fähigkeit, das Wesentliche vom Unwesentlichen zu unterscheiden und die richtigen Entscheidungen im Sinne der freimaurerischen Werte zu treffen.

Die Freimaurer sehen die Suche nach Weisheit als eine lebenslange Aufgabe, die sie dazu anregt, ihre Überzeugungen zu hinterfragen, neue Perspektiven zu gewinnen und ein tieferes Verständnis für die ethischen und spirituellen Zusammenhänge des Lebens zu entwickeln.

Die persönliche Entwicklung in der Freimaurerei ist auch eng mit dem Prinzip der Verantwortlichkeit verbunden. Die Freimaurer glauben, dass jeder Mensch die Verantwortung für sein eigenes Leben und seine Handlungen trägt und dass diese Verantwortung ein wesentlicher Teil der Selbstfindung ist. Verantwortlichkeit bedeutet in der Freimaurerei, sich seiner eigenen Werte und Überzeugungen bewusst zu sein und danach zu handeln. Der Freimaurer wird dazu ermutigt, die Konsequenzen seiner Entscheidungen zu bedenken und seine Handlungen im Hinblick auf ihre Auswirkungen auf sich selbst und auf andere zu reflektieren. Dieses Bewusstsein für die eigene Verantwortung ist ein wichtiger Schritt auf dem Weg zur Selbstfindung und hilft dem Freimaurer, ein Leben in Übereinstimmung mit seinen ethischen Prinzipien zu führen.

Ein weiterer wichtiger Aspekt der persönlichen Entwicklung und Selbstfindung in der Freimaurerei ist die Bereitschaft zur Selbstlosigkeit und zum Dienst am Gemeinwohl. Die Freimaurer glauben, dass wahre Erfüllung und Selbstverwirklichung nur dann erreicht werden können, wenn man bereit ist, über das eigene Ich hinauszublicken und zum Wohl der Gemeinschaft beizutragen.

Diese Idee der Selbstlosigkeit ist in der Freimaurerei tief verwurzelt und zeigt sich in zahlreichen wohltätigen und sozialen Aktivitäten, die die Freimaurer organisieren und unterstützen. Die Selbstlosigkeit ist ein Ausdruck der Brüderlichkeit und der Solidarität, die die Freimaurer mit ihren Mitmenschen verbindet, und erinnert sie daran, dass persönliche Entwicklung nicht nur das eigene Wohl, sondern auch das Wohl der Gemeinschaft umfassen sollte.

Insgesamt ist die persönliche Entwicklung und Selbstfindung in der Freimaurerei ein komplexer und vielschichtiger Prozess, der das Streben nach Selbsterkenntnis, die Arbeit an der eigenen Persönlichkeit und die Verpflichtung zur Selbstverbesserung umfasst. Die Freimaurerei bietet ihren Mitgliedern einen ethischen und moralischen Rahmen, der ihnen hilft, ihre Ziele und Werte zu definieren und ihr Leben in Übereinstimmung mit den Prinzipien der Brüderlichkeit, der Gerechtigkeit und der Weisheit zu gestalten. Die Selbstfindung ist in der Freimaurerei nicht nur ein individuelles Ziel, sondern ein Weg, der den Freimaurer dazu anregt, sich selbst und seine Beziehung zur Gemeinschaft und zur Welt zu verstehen und sich als Teil eines größeren Ganzen zu sehen.

## Toleranz und Freiheit: Die ethische Basis der Freimaurerei

Toleranz und Freiheit sind zwei der zentralen Werte, auf denen die Ethik und Philosophie der Freimaurerei fußen. Diese beiden Prinzipien sind nicht nur abstrakte Ideen, sondern verkörpern die Grundpfeiler, auf denen das freimaurerische Weltbild aufgebaut ist.

In einer Gemeinschaft, die Menschen unterschiedlichster Herkunft, Religion und Überzeugung vereint, sind Toleranz und Freiheit unerlässlich, um ein friedliches und respektvolles Miteinander zu gewährleisten. Dieses Kapitel widmet sich den philosophischen und ethischen Grundlagen, die die Freimaurerei als Wertegemeinschaft prägen, und zeigt auf, wie Toleranz und Freiheit in den Ritualen, Symbolen und im täglichen Handeln der Freimaurer Ausdruck finden.

Die Freimaurerei entstand in einer Zeit, in der Europa von religiösen und politischen Konflikten geprägt war. Die Gründungsjahre der modernen Freimaurerei fielen in eine Epoche, in der das Ideal der Aufklärung an Bedeutung gewann und die Werte der individuellen Freiheit, Gleichheit und Toleranz in den Vordergrund rückten. Diese Werte, die die Gesellschaft und Politik jener Zeit stark beeinflussten, fanden auch Eingang in die freimaurerische Philosophie. Die Logen wurden zu Orten, an denen Menschen unterschiedlicher Weltanschauungen und Glaubensrichtungen zusammenkommen konnten, um sich in einem Geist des Respekts und der Offenheit zu begegnen. In einer Welt, die oft von Intoleranz und Vorurteilen geprägt war, war die Freimaurerei ein Vorreiter für den interkulturellen und interreligiösen Dialog.

Das Prinzip der Toleranz in der Freimaurerei ist eng verbunden mit der Überzeugung, dass jeder Mensch das Recht auf seine eigene Wahrheit und sein eigenes Weltbild hat. Für die Freimaurer ist es eine grundlegende ethische Verpflichtung, die Überzeugungen anderer zu respektieren, auch wenn sie sich von den eigenen unterscheiden. Toleranz bedeutet in diesem Sinne nicht nur das passive Ertragen anderer Ansichten, sondern ein aktives Verständnis und eine Offenheit für die Vielfalt menschlicher Überzeugungen und Werte.

Die Freimaurerei lehrt, dass wahre Toleranz die Anerkennung der Menschlichkeit im Anderen ist und dass die Begegnung auf Augenhöhe nur dann möglich ist, wenn man bereit ist, die Unterschiedlichkeit des Gegenübers wertzuschätzen und sich selbst infrage zu stellen.

Freiheit ist das zweite zentrale Prinzip der freimaurerischen Ethik und steht in engem Zusammenhang mit der Toleranz. Für die Freimaurer bedeutet Freiheit nicht nur die Abwesenheit äußerer Zwänge, sondern auch die innere Freiheit, die es dem Einzelnen ermöglicht, sein Leben selbstbestimmt und verantwortungsvoll zu gestalten. Die Freimaurerloge versteht sich als ein Ort, an dem die Mitglieder ihre individuelle Freiheit in einer Gemeinschaft ausüben und sich gleichzeitig in einer Atmosphäre gegenseitigen Respekts weiterentwickeln können. Diese Freiheit ist jedoch stets an die Verantwortung geknüpft, die Freiheit des Anderen zu achten und die eigenen Entscheidungen und Handlungen im Lichte ethischer Prinzipien zu reflektieren.

Das Prinzip der Freiheit zeigt sich in der Freimaurerei auch in der Betonung der intellektuellen und geistigen Unabhängigkeit. Freimaurer werden dazu ermutigt, eigenständig zu denken und sich ein eigenes Bild von der Welt zu machen, anstatt blind den Meinungen anderer zu folgen. Diese Unabhängigkeit ist ein wesentlicher Bestandteil der freimaurerischen Bildung und Selbstverwirklichung und ein Ausdruck des Bestrebens, die eigene Freiheit durch Erkenntnis und Wissen zu erweitern. Die Freimaurerei lehrt, dass wahre Freiheit nur dann erreicht werden kann, wenn man die Fähigkeit zur Selbstreflexion entwickelt und die eigenen Überzeugungen im Laufe des Lebens immer wieder hinterfragt.

Die Symbole und Rituale der Freimaurerei dienen als Ausdruck und Erinnerung an die Prinzipien von Toleranz und Freiheit. Der Winkel und der Zirkel, zwei der zentralen Symbole der Freimaurerei, verkörpern diese Werte auf subtile Weise. Der Zirkel steht für den individuellen Freiraum, in dem sich der Einzelne bewegen und entwickeln kann, während der Winkel die Werte und ethischen Leitlinien symbolisiert, die die Freimaurer an ihre Handlungen anlegen. Zusammen bilden sie die Grundlage für ein Leben in Balance, das die eigene Freiheit und die der Anderen gleichermaßen respektiert. Die rituellen Handlungen in der Loge sollen die Mitglieder daran erinnern, diese Werte in ihrem täglichen Leben zu bewahren und sich immer wieder auf ihre Bedeutung zu besinnen.

In der freimaurerischen Ethik wird der Begriff der Toleranz oft mit der Vorstellung der „universellen Brüderlichkeit" verknüpft. Diese Brüderlichkeit ist nicht nur eine rein symbolische Idee, sondern ein Ausdruck des freimaurerischen Glaubens, dass alle Menschen im Kern miteinander verbunden sind. Die Freimaurerei sieht die Menschheit als eine große Familie, in der jeder Einzelne Verantwortung für das Wohl der Gemeinschaft trägt. Diese Vorstellung erfordert eine Haltung der Offenheit und des Mitgefühls für die Bedürfnisse und Überzeugungen anderer. Toleranz wird so zu einem aktiven Prinzip, das die Freimaurer im täglichen Leben anwenden sollen, um ein friedliches und respektvolles Miteinander zu fördern.

Ein weiteres wichtiges Element der freimaurerischen Philosophie ist die Verpflichtung zur Selbstverantwortung. Für die Freimaurer bedeutet Freiheit, dass jeder Einzelne für sein Handeln und die Konsequenzen, die daraus entstehen, verantwortlich ist. Diese Verantwortung ist untrennbar mit der Freiheit verbunden und verlangt, dass die Freimaurer sich selbst und ihre Entscheidungen kritisch reflektieren.

Die Freiheit, die die Freimaurer anstreben, ist daher keine schrankenlose Freiheit, sondern eine Freiheit, die durch ethische Prinzipien und die Achtung vor dem Anderen begrenzt wird. Diese Vorstellung von Freiheit unterscheidet sich grundlegend von einem rein individualistischen Freiheitsverständnis und betont die Bedeutung der Gemeinschaft und der gegenseitigen Verantwortung.

Die Freimaurerei sieht Toleranz und Freiheit nicht nur als individuelle Werte, sondern auch als Prinzipien, die auf die Gesellschaft als Ganzes angewendet werden sollten. Die Freimaurerloge ist ein Ort, an dem Menschen unterschiedlicher Herkunft, Religion und Überzeugung zusammenkommen, um sich in einem Geist der Offenheit und des Respekts auszutauschen. Diese Erfahrung lehrt die Freimaurer, dass Vielfalt eine Bereicherung ist und dass die Stärke einer Gesellschaft in ihrer Fähigkeit zur Toleranz und zum respektvollen Miteinander liegt. Die Freimaurer tragen diese Werte in ihr persönliches und berufliches Leben hinein und setzen sich in vielen Fällen aktiv für die Förderung von Toleranz und Freiheit in ihrer Gemeinschaft ein.

Zusammenfassend lässt sich sagen, dass die ethische Basis der Freimaurerei in den Prinzipien der Toleranz und Freiheit verankert ist. Diese Werte prägen nicht nur die Philosophie der Freimaurer, sondern auch ihr Handeln in der Loge und im Alltag. Die Freimaurerei lehrt, dass Toleranz die Bereitschaft erfordert, die Überzeugungen und Werte anderer Menschen zu respektieren, und dass Freiheit immer mit Verantwortung einhergeht. Diese ethische Grundlage macht die Freimaurerei zu einer einzigartigen Gemeinschaft, die sich durch ihren Einsatz für eine friedliche und gerechte Gesellschaft auszeichnet und ihren Mitgliedern eine Orientierung für ein sinnvolles und verantwortungsbewusstes Leben bietet.

# Einfluss der Freimaurerei auf die Gesellschaft

Die Rolle der Freimaurerei in Politik, Kultur und Wissenschaft im Laufe der Zeit

Die Freimaurerei ist seit Jahrhunderten einflussreich in vielen Bereichen des gesellschaftlichen Lebens und hat im Laufe ihrer Geschichte eine bedeutende Rolle in Politik, Kultur und Wissenschaft gespielt. Diese Bruderschaft, die oft als geheimnisvoll und verschlossen betrachtet wird, hat es dennoch geschafft, ihre Ideale und Prinzipien über die Grenzen ihrer Logen hinaus zu verbreiten und Impulse zu setzen, die weit über ihre eigene Gemeinschaft hinausreichen. Freimaurerische Werte wie Freiheit, Brüderlichkeit, Toleranz und das Streben nach Wissen haben nicht nur das Leben der Mitglieder geprägt, sondern auch die Gesellschaften beeinflusst, in denen die Freimaurer lebten und wirkten. Dieses Kapitel beleuchtet die vielschichtige und oft subtile Rolle der Freimaurerei und wie sie durch ihre Mitglieder, Aktivitäten und Werte in politischen, kulturellen und wissenschaftlichen Kontexten Wirkung entfaltete.

Die politische Einflussnahme der Freimaurer reicht bis in das 18. Jahrhundert zurück, als das Zeitalter der Aufklärung den Gedanken der Vernunft und der individuellen Freiheit auf den Plan rief. Viele bedeutende Persönlichkeiten, die an der Schaffung demokratischer Strukturen beteiligt waren, waren Freimaurer und trugen die Prinzipien der Freimaurerei in die politischen Debatten ihrer Zeit.

In der amerikanischen Unabhängigkeitsbewegung beispielsweise
spielten Freimaurer wie George Washington und Benjamin
Franklin eine entscheidende Rolle. Ihre freimaurerischen
Überzeugungen beeinflussten die Grundsätze der amerikanischen
Verfassung, die sich auf Freiheit, Gleichheit und das Streben nach
Glück stützen – Werte, die eng mit den Idealen der Freimaurerei
verbunden sind. Auch in der französischen Revolution waren viele
Akteure Mitglieder der Freimaurerei, und die Ideen der
Brüderlichkeit und Gleichheit, die in den freimaurerischen Logen
gepflegt wurden, beeinflussten die revolutionären Forderungen
nach Freiheit und sozialer Gerechtigkeit. Die Freimaurerei war
jedoch nicht auf Revolutionen und Umbrüche beschränkt; auch in
ruhigeren politischen Zeiten trugen ihre Mitglieder durch ihr
Engagement für Toleranz und Verständigung zur Förderung
demokratischer Werte und zur Schaffung eines friedlichen
gesellschaftlichen Klimas bei.

Neben der Politik hatte die Freimaurerei auch einen tiefgreifenden
Einfluss auf die kulturelle Entwicklung vieler Gesellschaften.
Durch ihre Mitgliedschaft in den Logen verbanden sich Künstler,
Schriftsteller und Musiker mit freimaurerischen Ideen und ließen
sich von ihnen inspirieren. Die Kunstwerke, die aus diesen
Einflüssen hervorgingen, spiegelten die symbolische und ethische
Tiefe der Freimaurerei wider. Komponisten wie Wolfgang
Amadeus Mozart, selbst ein Freimaurer, ließen freimaurerische
Themen und Symbolik in ihre Musik einfließen, wie
beispielsweise in der berühmten Oper „Die Zauberflöte". Auch
Schriftsteller wie Goethe und Lessing, die mit freimaurerischen
Ideen sympathisierten, reflektierten in ihren Werken Werte wie
Toleranz, Freiheit und Menschlichkeit, die aus der
freimaurerischen Ethik stammen. Durch Kunst und Literatur
wurde die Philosophie der Freimaurerei in einer Weise vermittelt,
die über die Logen hinausging und eine breitere Gesellschaft
erreichte.

Diese kulturelle Wirkung zeigte sich nicht nur in der Vergangenheit, sondern setzt sich auch in der modernen Kunst und Populärkultur fort, in der freimaurerische Symbole und Themen immer wieder auftauchen und das kollektive Bewusstsein ansprechen.

Ein weiterer Bereich, in dem die Freimaurerei eine signifikante Rolle spielte, ist die Wissenschaft. Viele Freimaurer waren Wissenschaftler, Erfinder und Denker, die die freimaurerische Idee des ständigen Strebens nach Wissen und Wahrheit in ihre Forschungen einbrachten. Freimaurerische Logen dienten oft als Treffpunkte für wissenschaftlich und intellektuell interessierte Personen, die hier eine Umgebung des freien Gedankenaustauschs vorfanden, die in anderen Teilen der Gesellschaft nicht immer gegeben war. In einer Zeit, in der viele wissenschaftliche Entdeckungen zunächst skeptisch betrachtet wurden und die Kirche oft eine dominierende Rolle in Bildungsfragen hatte, bot die Freimaurerei einen Ort, an dem neue Ideen diskutiert und gefördert werden konnten. Persönlichkeiten wie Isaac Newton, der vermutlich Mitglied der Freimaurerei war oder zumindest freimaurerischen Idealen nahe stand, symbolisieren die Verbindung zwischen wissenschaftlichem Fortschritt und freimaurerischen Werten. Diese Betonung der Aufklärung und der Förderung des Wissens hinterließ einen bleibenden Eindruck auf die Gesellschaft und trug dazu bei, wissenschaftliches Denken und rationales Handeln als wichtige gesellschaftliche Werte zu etablieren.

Neben ihren direkten Einflüssen hat die Freimaurerei durch ihre ethische und philosophische Haltung eine prägende Kraft in der Gesellschaft ausgeübt, die sich in weniger greifbaren, aber dennoch wirkungsvollen Formen zeigt.

Die Freimaurerei betont die Verantwortung jedes Einzelnen, zur Verbesserung der Gesellschaft beizutragen, und fördert ein Klima der Toleranz und des respektvollen Umgangs miteinander. Diese Werte tragen dazu bei, ein Gemeinschaftsgefühl zu schaffen und Vorurteile abzubauen, indem sie die Freimaurer dazu anregen, in ihrer Umgebung positive Veränderungen zu bewirken. Die wohltätigen Projekte und philanthropischen Aktivitäten der Freimaurer, die in vielen Ländern durchgeführt werden, sind Ausdruck dieser Verpflichtung zur sozialen Verantwortung. Freimaurerlogen engagieren sich häufig in gemeinnützigen Projekten und helfen bei der Finanzierung von Bildungseinrichtungen, Krankenhäusern und anderen sozialen Einrichtungen, was ihren positiven Einfluss auf die Gesellschaft weiter verstärkt.

Zusammengefasst lässt sich sagen, dass die Freimaurerei durch ihre Mitglieder, ihre Ideale und ihre Aktivitäten eine bedeutende Rolle in der Entwicklung der Gesellschaft gespielt hat. Von der Beeinflussung politischer Strukturen über die Förderung kultureller Werte bis hin zur Unterstützung wissenschaftlicher Fortschritte hat die Freimaurerei dazu beigetragen, die Gesellschaft auf vielfältige Weise zu prägen und zu bereichern. Auch wenn die Freimaurerei oft als geheimnisvoll und verschlossen gilt, zeigen ihre Werte und Handlungen, dass sie sich im Kern für die Förderung von Wissen, Toleranz und sozialem Engagement einsetzt. Dieses Kapitel widmet sich dem vielschichtigen Einfluss der Freimaurerei auf die Gesellschaft und verdeutlicht, wie ihre Prinzipien und Ideale in den unterschiedlichsten Bereichen unseres Lebens Spuren hinterlassen haben. Die Geschichte der Freimaurerei ist damit nicht nur eine Geschichte ihrer Mitglieder, sondern auch eine Geschichte ihres Engagements für eine bessere, gerechtere und aufgeklärte Gesellschaft.

## Die Freimaurer und die Aufklärung: Einfluss auf Gesellschaft und Wissenschaft

Die Freimaurerei hatte während der Aufklärung eine bedeutende Rolle in Europa und Nordamerika und beeinflusste auf tiefgreifende Weise die gesellschaftliche, politische und wissenschaftliche Entwicklung dieser Zeit. Im 18. Jahrhundert, als die Ideen der Aufklärung das Denken und die kulturellen Werte in Europa und darüber hinaus prägten, war die Freimaurerei nicht nur ein Forum für intellektuellen Austausch, sondern auch ein Träger und Förderer der aufklärerischen Ideale. Die Prinzipien der Aufklärung – Vernunft, Freiheit, Toleranz und Menschenrechte – entsprachen weitgehend den Werten und Zielen der Freimaurerei. Durch ihre geheimnisvolle Aura und die ethischen und philosophischen Ideale zog die Freimaurerei prominente Intellektuelle, Wissenschaftler und Politiker an und diente als Treffpunkt für Diskussionen über gesellschaftliche, wissenschaftliche und philosophische Themen. In diesem Unterkapitel untersuchen wir den Einfluss der Freimaurerei auf die Gesellschaft und die Wissenschaft im Zeitalter der Aufklärung und beleuchten, wie freimaurerische Ideen zur Förderung der aufklärerischen Prinzipien beitrugen.

Der aufklärerische Einfluss der Freimaurerei zeigt sich zunächst in ihrer Förderung der Vernunft und des rationalen Denkens. Die Freimaurerlogen boten ein Umfeld, in dem sich Intellektuelle, Künstler und Politiker trafen, um über wissenschaftliche und philosophische Fragen zu debattieren und Wissen auszutauschen. In einer Zeit, in der viele wissenschaftliche und philosophische Ideen im Widerspruch zu den religiösen und politischen Autoritäten standen, schufen die Freimaurerlogen einen Raum für den freien und unzensierten Austausch von Gedanken.

Die Freimaurerei ermutigte ihre Mitglieder, die Vernunft als Grundlage für ihr Denken und Handeln zu betrachten und sich von dogmatischen und autoritären Überzeugungen zu lösen. Diese Haltung steht im Einklang mit dem aufklärerischen Ideal, dass die Vernunft als oberstes Prinzip der Erkenntnis und der moralischen Werte gelten sollte. Die Freimaurerei leistete somit einen wichtigen Beitrag zur Verbreitung des rationalen Denkens und zur Förderung eines wissenschaftlichen Weltbilds, das auf Beweis und Erfahrung basiert.

Ein weiterer wichtiger Aspekt des Einflusses der Freimaurerei auf die Gesellschaft im Zeitalter der Aufklärung war ihre Förderung der Toleranz. Die Freimaurerlogen waren einer der wenigen Orte, an denen Menschen unterschiedlicher sozialer Herkunft, Religionen und Weltanschauungen gleichberechtigt miteinander diskutierten. In einer Zeit, in der religiöse Intoleranz und soziale Unterschiede das gesellschaftliche Leben prägten, bot die Freimaurerei ein Modell für eine tolerante und respektvolle Gemeinschaft. Die Freimaurerlogen forderten von ihren Mitgliedern, andere Ansichten und Glaubensüberzeugungen zu respektieren und Toleranz als ethische Haltung zu kultivieren. Dieses Ideal der Toleranz entsprach den Werten der Aufklärung, die auf die Überwindung von Vorurteilen und Dogmen zielte und die Vielfalt als eine Bereicherung der Gesellschaft betrachtete. Die freimaurerische Praxis der Toleranz trug dazu bei, ein Klima des Respekts und der Akzeptanz zu schaffen, das die gesellschaftliche Entwicklung in Richtung einer offenen und pluralistischen Gesellschaft förderte.

Die Freimaurerei spielte auch eine entscheidende Rolle bei der Verbreitung der Ideen der Menschenrechte und der Freiheit. Viele prominente Aufklärer, darunter Voltaire, Montesquieu und Diderot, waren Freimaurer oder standen der Freimaurerei nahe und teilten die Überzeugung, dass alle Menschen bestimmte unveräußerliche Rechte besitzen, die unabhängig von Herkunft, Religion oder sozialem Status gelten. Die Freimaurerlogen waren ein Ort, an dem diese Ideen diskutiert und weiterentwickelt wurden, und sie förderten das Bewusstsein für die Rechte des Einzelnen und die Bedeutung der persönlichen Freiheit. In den freimaurerischen Ritualen und Lehren wird die Freiheit als eine der höchsten menschlichen Werte betrachtet, und die Freimaurer wurden dazu angehalten, sich für die Freiheit und die Rechte anderer einzusetzen. Diese Werte fanden später Eingang in die politischen Debatten und trugen zur Formulierung der Menschenrechtsideale bei, die im Zuge der Französischen Revolution und der Amerikanischen Unabhängigkeitsbewegung offiziell verkündet wurden.

Der Einfluss der Freimaurerei auf die wissenschaftliche Entwicklung im Zeitalter der Aufklärung ist ebenfalls nicht zu unterschätzen. Die Freimaurerlogen dienten als Treffpunkt für Wissenschaftler, Mathematiker und Philosophen, die dort ihre Erkenntnisse austauschten und über neue Theorien diskutierten. Die Logen förderten das wissenschaftliche Denken und betrachteten die Wissenschaft als ein Mittel zur Erleuchtung und zur Verbesserung der Menschheit. Die Freimaurerei unterstützte das Streben nach Wissen und die Entdeckung neuer wissenschaftlicher Erkenntnisse und spielte eine Rolle bei der Verbreitung der Ideen von Wissenschaftlern wie Isaac Newton, der selbst Freimaurer war. Die Mitglieder der Logen sahen die Wissenschaft als eine Möglichkeit, die Natur und die Gesetze des Universums zu verstehen, und betrachteten sie als einen Weg zur persönlichen und gesellschaftlichen Vervollkommnung.

Ein weiterer Bereich, in dem die Freimaurerei einen Einfluss hatte, war die Bildung. Viele Freimaurerlogen förderten Bildungsprojekte und setzten sich für den Zugang zur Bildung ein. In einer Zeit, in der Bildung vor allem den oberen Schichten vorbehalten war, unterstützten die Freimaurer die Idee, dass Wissen und Bildung grundlegende Menschenrechte seien, die jedem zugänglich sein sollten. Die Logen organisierten Lesungen, Vorträge und Diskussionsrunden, in denen die Mitglieder sich weiterbilden und ihr Wissen erweitern konnten. Einige Logen initiierten auch Bildungsprogramme für die weniger privilegierten Schichten der Gesellschaft und trugen so zur Verbreitung von Wissen und zur Förderung der Bildung bei. Diese Bildungsinitiativen stehen im Einklang mit dem aufklärerischen Ideal, dass Bildung der Schlüssel zur persönlichen und gesellschaftlichen Entwicklung ist, und verdeutlichen, wie die Freimaurerei zur Verwirklichung dieses Ideals beitrug.

Zusammenfassend lässt sich sagen, dass die Freimaurerei im Zeitalter der Aufklärung eine wichtige Rolle als Träger und Förderer der aufklärerischen Ideale spielte. Durch ihre Förderung von Vernunft, Toleranz, Menschenrechten und Freiheit trug die Freimaurerei dazu bei, die Grundlagen für die moderne Gesellschaft zu schaffen und die Entwicklung eines humanistischen Weltbilds zu unterstützen. Die Logen waren nicht nur Orte des intellektuellen und wissenschaftlichen Austauschs, sondern auch Plattformen für soziale Reformen und die Förderung der Menschenrechte.

## Freimaurerei und Politik: Zwischen Geheimhaltung und Einflussnahme

Die Beziehung der Freimaurerei zur Politik ist seit jeher ein komplexes und oft kontroverses Thema. Durch ihre Geheimhaltung und ihre symbolischen Rituale hat die Freimaurerei in der Öffentlichkeit seit Jahrhunderten Spekulationen, Mythen und Verdächtigungen hervorgerufen. Viele Menschen fragen sich, inwieweit die Freimaurerei Einfluss auf politische Entscheidungen und gesellschaftliche Entwicklungen genommen hat oder nimmt. Im Laufe der Geschichte gab es prominente Politiker und Staatsmänner, die sich zur Freimaurerei bekannten, was zu einer erhöhten Aufmerksamkeit und oft auch zu Misstrauen geführt hat. In diesem Unterkapitel untersuchen wir die historische und gegenwärtige Rolle der Freimaurerei in der Politik und die Herausforderungen, die sich aus dem Spannungsfeld zwischen Geheimhaltung und Einflussnahme ergeben.

Die Freimaurerei sieht sich selbst als unpolitische Organisation, die keine spezifischen politischen Ideologien verfolgt oder politische Macht anstrebt. Ihre Mitglieder kommen aus unterschiedlichen sozialen und politischen Hintergründen, und die Logen betonen die Unabhängigkeit der Freimaurerei von politischen Strömungen und Machtinteressen. Die Freimaurerlogen dienen traditionell als Orte des intellektuellen und ethischen Austauschs, in denen politische Themen zwar diskutiert werden, jedoch ohne parteipolitische Bindungen.

Die Freimaurerei strebt nach ethischer Vervollkommnung und persönlicher Entwicklung und fordert von ihren Mitgliedern, ihre eigenen politischen Überzeugungen zu hinterfragen und im Sinne der freimaurerischen Werte zu handeln. Dennoch lässt sich nicht leugnen, dass die Freimaurerei im Laufe der Geschichte Einfluss auf politische Entscheidungen und gesellschaftliche Entwicklungen ausgeübt hat.

Ein Beispiel für den politischen Einfluss der Freimaurerei ist ihre Rolle in der Amerikanischen Unabhängigkeitsbewegung. Zahlreiche prominente Persönlichkeiten, darunter George Washington, Benjamin Franklin und John Hancock, waren Freimaurer und spielten eine Schlüsselrolle in der Unabhängigkeitsbewegung. Die Werte der Freimaurerei – Freiheit, Gleichheit, Brüderlichkeit und die Rechte des Einzelnen – spiegeln sich in den Idealen der Amerikanischen Revolution wider und wurden in die Verfassung der Vereinigten Staaten integriert. Die Freimaurerlogen boten den amerikanischen Revolutionären eine Plattform für den Austausch und die Planung politischer Strategien und dienten als Treffpunkte für diejenigen, die die Unabhängigkeit und die Gründung einer neuen Nation anstrebten. In diesem Kontext lässt sich der Einfluss der Freimaurerei auf die politische Entwicklung der Vereinigten Staaten nicht leugnen.

Ein weiteres Beispiel für den politischen Einfluss der Freimaurerei ist die Französische Revolution. Viele der führenden Persönlichkeiten der Revolution, darunter Mirabeau, Lafayette und Danton, waren Freimaurer, und die Ideale der Aufklärung und der Freimaurerei prägten die politischen Forderungen und Ziele der Revolution. Freiheit, Gleichheit und Brüderlichkeit waren zentrale Werte der Französischen Revolution und spiegelten die ethischen Prinzipien der Freimaurerei wider. Die Freimaurerlogen dienten auch hier als Treffpunkte und Diskussionsforen, in denen sich die revolutionären Ideen entwickelten und verbreiteten.

Diese Verbindungen führten zu einer verstärkten Aufmerksamkeit der Öffentlichkeit und der politischen Machthaber auf die Freimaurerei, die in den folgenden Jahren zunehmend als potenzielle Bedrohung für die etablierten Mächte angesehen wurde.

Die Rolle der Freimaurerei in der Politik führte auch dazu, dass sie in verschiedenen historischen Perioden verfolgt und verboten wurde. Besonders im 19. und 20. Jahrhundert geriet die Freimaurerei in den Fokus autoritärer Regime, die die Logen als Bedrohung für ihre Macht ansahen. So wurden die Freimaurerlogen während der Herrschaft Napoleons, im faschistischen Italien und im nationalsozialistischen Deutschland verboten und verfolgt. Die Freimaurerei wurde als „geheime Gesellschaft" verdächtigt, gegen die Interessen des Staates zu handeln und sich heimlich in die Politik einzumischen. Diese Verdächtigungen führten zu Misstrauen und Verfolgung und zur Schließung von Logen in verschiedenen Ländern. Die Freimaurer selbst betonten jedoch stets, dass sie keine politische Organisation seien und keine politischen Ziele verfolgten.

Ein wesentlicher Aspekt der Beziehung zwischen Freimaurerei und Politik ist die Geheimhaltung, die die Aktivitäten und Mitgliedschaften innerhalb der Logen umgibt. Diese Geheimhaltung dient in erster Linie dazu, die Freimaurer und ihre Rituale vor Missverständnissen und Vorurteilen zu schützen und die Integrität der freimaurerischen Arbeit zu bewahren. Gleichzeitig hat die Geheimhaltung jedoch dazu geführt, dass die Freimaurerei häufig mit politischer Einflussnahme und Verschwörungstheorien in Verbindung gebracht wurde. Die Vorstellung, dass die Freimaurerei im Verborgenen politischen Einfluss ausübt, hat über die Jahrhunderte hinweg zahlreiche Spekulationen und Mythen hervorgebracht.

Diese Theorien reichen von der Behauptung, dass die Freimaurerei eine „geheime Weltregierung" bildet, bis zu der Annahme, dass sie hinter bedeutenden politischen Ereignissen und Entscheidungen steht.

In der heutigen Zeit sehen sich die Freimaurerlogen mit neuen Herausforderungen im Spannungsfeld zwischen Geheimhaltung und Transparenz konfrontiert. In einer zunehmend transparenten und informationsorientierten Gesellschaft haben viele Logen begonnen, ihre Aktivitäten offener darzustellen und die Öffentlichkeit über ihre Ziele und Werte aufzuklären. Die Freimaurer betonen, dass sie keine politischen Machtstrukturen anstreben und dass ihre Aktivitäten darauf abzielen, ihre Mitglieder zur ethischen und moralischen Entwicklung anzuregen. Dennoch bleibt die Frage nach der politischen Rolle der Freimaurerei ein kontroverses Thema, das auch innerhalb der Logen diskutiert wird. Die Freimaurerei sieht ihre Aufgabe heute darin, eine ethische Orientierung zu bieten und den Dialog zwischen Menschen unterschiedlicher Ansichten und Hintergründe zu fördern, ohne selbst in die politische Praxis einzugreifen.

Zusammengefasst ist die Rolle der Freimaurerei in der Politik ein vielschichtiges und oft missverstandenes Thema. Während die Freimaurerei sich selbst als unpolitisch betrachtet, haben ihre Werte und Ideale im Laufe der Geschichte politische Bewegungen beeinflusst und wurden von politischen Akteuren aufgenommen und weitergetragen. Die Freimaurerei hat durch ihre Förderung von Freiheit, Gleichheit und Toleranz dazu beigetragen, politische und gesellschaftliche Veränderungen zu inspirieren und zu unterstützen. Die Frage nach der politischen Rolle der Freimaurerei bleibt jedoch ein komplexes und sensibles Thema, das durch die Spannung zwischen Geheimhaltung und öffentlicher Wahrnehmung geprägt ist.

## Die Freimaurerei in Kunst und Literatur

Die Freimaurerei hat seit ihrer Entstehung einen erheblichen Einfluss auf Kunst und Literatur ausgeübt. Ihre symbolträchtige Bildsprache, philosophischen Werte und mystischen Rituale haben Künstler und Schriftsteller inspiriert und das Schaffen in zahlreichen Epochen geprägt. Viele Werke der bildenden Kunst und Literatur verweisen direkt oder indirekt auf freimaurerische Symbole und Ideen und machen deutlich, wie tief diese Bruderschaft das kulturelle Bewusstsein beeinflusst hat. In diesem Unterkapitel beleuchten wir den Einfluss der Freimaurerei auf Kunst und Literatur, untersuchen, wie freimaurerische Symbole und Themen darin verwoben sind und wie die Bruderschaft eine kulturelle Brücke zu verschiedenen Epochen und Stilen bildet.

Einer der bekanntesten Künstler, der die Freimaurerei in seinen Werken reflektiert, ist Wolfgang Amadeus Mozart. Mozart trat 1784 einer Wiener Freimaurerloge bei und setzte die Ideale und Symbolik der Freimaurerei in mehreren seiner Werke um, besonders deutlich in seiner berühmten Oper *Die Zauberflöte*. Diese Oper ist nicht nur ein musikalisches Meisterwerk, sondern auch ein tiefgehendes Werk voller freimaurerischer Symbole und Themen. *Die Zauberflöte* handelt von einem Initiationsprozess, der die moralische und geistige Entwicklung der Hauptfiguren darstellt und mit der Suche nach Wahrheit, Weisheit und Brüderlichkeit verknüpft ist – Werte, die eng mit der Freimaurerei verbunden sind. In der Figur Sarastro und seinem Tempel sehen viele ein Symbol für die Loge und die Freimaurerei als eine Bruderschaft, die ethische Werte und Selbsterkenntnis fördert. Die Komposition und die Handlung dieser Oper, mit ihrer klaren Trennung von Gut und Böse, Gerechtigkeit und Wahrheit, spiegeln das freimaurerische Ethos wider und zeigen, wie die Freimaurerei künstlerische Werke von universeller Bedeutung inspirierte.

Neben der Musik hat die Freimaurerei auch in der Literatur ihre Spuren hinterlassen. Schriftsteller wie Johann Wolfgang von Goethe, selbst Freimaurer, ließen sich von den Ideen der Bruderschaft inspirieren und nahmen in ihren Texten immer wieder Bezug auf freimaurerische Themen. Goethe war stark von der Symbolik der Freimaurerei und ihrem Ideal der inneren Erleuchtung geprägt, was sich besonders in seinem Werk *Wilhelm Meisters Lehrjahre* zeigt. In diesem Roman schildert Goethe die Bildungsreise des jungen Wilhelm, die mit einer Initiation in eine geheime Bruderschaft endet – eine klare Parallele zur freimaurerischen Tradition der Initiation. Goethe beschreibt in diesem Werk den Prozess der Selbstverwirklichung und die Suche nach moralischer und geistiger Vervollkommnung, die ebenfalls zentrale Anliegen der Freimaurerei sind.

Auch in der bildenden Kunst findet sich der Einfluss der Freimaurerei in vielfältiger Weise. Die symbolträchtige Bildsprache der Freimaurerei – wie das Winkelmaß, der Zirkel, die Säulen und die Sonne – wurde von Künstlern in verschiedenen Epochen aufgegriffen und in ihren Werken verarbeitet. Diese Symbole repräsentieren in der Freimaurerei nicht nur die handwerklichen Wurzeln der Bruderschaft, sondern stehen auch für ethische und philosophische Konzepte wie Gerechtigkeit, Harmonie und Erleuchtung. Der Maler William Hogarth, selbst Freimaurer, integrierte diese Symbole in viele seiner Werke und nutzte sie, um soziale und moralische Themen zu kommentieren. Seine Serie *A Harlot's Progress* und *A Rake's Progress* sind voller freimaurerischer Symbolik und behandeln Themen wie die moralische Zerrissenheit und die Folgen eines lasterhaften Lebens – Themen, die in der freimaurerischen Lehre eine wichtige Rolle spielen.

Im 19. und 20. Jahrhundert setzte sich die Tradition fort, dass Kunst und Literatur von der Symbolik und den Lehren der Freimaurerei beeinflusst wurden. In der Literatur des 19. Jahrhunderts griffen viele Autoren die freimaurerische Symbolik und Themen auf, um Geschichten über Geheimgesellschaften, verborgene Wissenstraditionen und moralische Werte zu erzählen. Werke wie Alexandre Dumas' *Der Graf von Monte Christo* und *Joseph Balsamo* sowie Victor Hugos *Die Elenden* behandeln nicht nur Themen wie Gerechtigkeit, Aufopferung und die Suche nach persönlicher und sozialer Erneuerung, sondern sind oft durchdrungen von Symbolen und Anspielungen, die an die Werte und Rituale der Freimaurerei erinnern. Diese Werke nutzen die freimaurerische Symbolik, um ethische Fragen zu thematisieren und das Streben nach Weisheit, Freiheit und Brüderlichkeit darzustellen.

Im 20. Jahrhundert setzte sich der Einfluss der Freimaurerei in der modernen Literatur fort, häufig in Form von Mystik und Symbolik. Autoren wie Franz Kafka, Umberto Eco und Dan Brown haben in ihren Werken Elemente der freimaurerischen Symbolik und Philosophie aufgegriffen. Dan Browns Bestseller *The Lost Symbol* (Das verlorene Symbol) ist ein prominentes Beispiel, in dem die Freimaurerei direkt thematisiert wird. Der Roman dreht sich um eine Jagd nach einem freimaurerischen Geheimnis und spielt mit zahlreichen Symbolen und Ritualen, die für die Freimaurerei charakteristisch sind. Brown nutzt die Geschichte der Freimaurerei und ihre Symbole, um Spannung aufzubauen und gleichzeitig über die Themen von Wissen, Macht und Selbstverwirklichung nachzudenken. Auch wenn *The Lost Symbol* teils auf spekulativen Elementen basiert, hat der Roman dazu beigetragen, das öffentliche Interesse an der Freimaurerei und ihren Symbolen zu wecken.

Die Freimaurerei hat in der bildenden Kunst auch eine Rolle bei der Entstehung der symbolistischen und surrealistischen Strömungen gespielt, in denen Künstler und Schriftsteller ihre Werke als „Einweihungswege" verstanden. Der Surrealismus, der sich im frühen 20. Jahrhundert entwickelte, griff die Idee der Selbstentdeckung und der inneren Erleuchtung auf – Konzepte, die auch in der freimaurerischen Philosophie von Bedeutung sind. Künstler wie Salvador Dalí und René Magritte verwendeten Symbole, die auf den ersten Blick rätselhaft wirken, jedoch tiefere Bedeutungen vermitteln, ähnlich wie die freimaurerische Symbolik. Auch der Symbolismus, der Ende des 19. Jahrhunderts in Europa entstand, spiegelte die Ideen der Selbstfindung und der Suche nach verborgenen Wahrheiten wider und zog freimaurerische Symbolik als eine Möglichkeit in Betracht, das Unsichtbare im Sichtbaren darzustellen.

Zusammenfassend lässt sich sagen, dass die Freimaurerei einen starken Einfluss auf Kunst und Literatur hatte und hat. Ihre Symbolik, Philosophie und das mystische Erbe inspirierten Generationen von Künstlern und Schriftstellern, die freimaurerische Motive und Werte in ihren Werken verarbeiteten. Die Freimaurerei bietet durch ihre Ideale der Weisheit, Freiheit, Brüderlichkeit und Selbstverwirklichung eine Quelle für künstlerischen Ausdruck, die die tiefsten menschlichen Fragen anspricht und die Faszination für das Geheimnisvolle und Spirituelle fördert. Indem die Freimaurerei in Kunst und Literatur dargestellt wird, bleibt sie nicht nur als historische Bruderschaft, sondern als lebendige Idee in der Kultur präsent und inspiriert weiterhin Werke, die die menschliche Natur, das Streben nach Wissen und die Suche nach moralischer und spiritueller Vervollkommnung erkunden.

## Philanthropie und soziale Projekte der Freimaurerlogen

Die Philanthropie und das soziale Engagement der Freimaurerei
sind zentrale Bestandteile ihrer historischen und gegenwärtigen
Identität. Die Freimaurerlogen auf der ganzen Welt engagieren
sich seit Jahrhunderten für wohltätige Zwecke und soziale
Projekte und tragen damit aktiv zur Verbesserung des Lebens
vieler Menschen bei. Diese Initiativen sind Ausdruck der
freimaurerischen Werte, die auf Toleranz, Brüderlichkeit,
Gerechtigkeit und Mitgefühl basieren. In diesem Unterkapitel
beleuchten wir die philanthropischen Aktivitäten der
Freimaurerei, ihre historischen Wurzeln, die Vielfalt der sozialen
Projekte, die die Logen weltweit fördern, und den Einfluss dieser
Initiativen auf die Gesellschaft.

Die Tradition der Freimaurerei, sich philanthropisch zu
engagieren, hat ihre Ursprünge bereits in den frühen Jahren der
Bruderschaft. Schon im Mittelalter, als die ersten Bauhütten und
späteren Freimaurerlogen entstanden, war die Unterstützung der
eigenen Mitglieder und deren Familien in schwierigen Zeiten ein
wesentliches Anliegen der Gemeinschaft. Dieses Konzept der
Solidarität innerhalb der Logen weitete sich im Laufe der
Jahrhunderte auf die Gesellschaft aus, und die Freimaurer
begannen, ihre Ressourcen und ihren Einfluss für wohltätige
Zwecke einzusetzen. Der Grundgedanke dieser philanthropischen
Aktivitäten ist, dass jeder Freimaurer eine moralische
Verpflichtung hat, der Gemeinschaft und besonders den
Bedürftigen beizustehen.

Ein charakteristisches Merkmal der freimaurerischen
Philanthropie ist ihre Vielfalt. Freimaurerlogen engagieren sich in
einer breiten Palette von Projekten, die von der Unterstützung für
Kinder und Jugendliche über Gesundheits- und
Bildungsprogramme bis hin zur Katastrophenhilfe reichen.

Die Logen sammeln Spenden, organisieren gemeinnützige Veranstaltungen und stellen Mittel für Projekte bereit, die das Wohl der Gesellschaft fördern. Diese Initiativen spiegeln das ethische Prinzip der Freimaurerei wider, das besagt, dass das Wissen und die Ressourcen der Bruderschaft nicht nur für das eigene Wohl, sondern für das Wohl aller eingesetzt werden sollten. Durch diese philanthropischen Aktivitäten fördern die Freimaurer eine Kultur der Hilfsbereitschaft und des sozialen Verantwortungsbewusstseins.

Ein zentrales Anliegen vieler Freimaurerlogen ist die Förderung der Bildung. Die Freimaurer glauben, dass Bildung ein grundlegendes Menschenrecht ist und der Schlüssel zur persönlichen und gesellschaftlichen Entwicklung darstellt. Zahlreiche Logen haben im Laufe der Geschichte Schulen, Stipendienprogramme und Bildungseinrichtungen gegründet, um den Zugang zur Bildung zu erleichtern und die Chancen für benachteiligte Kinder und Jugendliche zu verbessern. Ein bekanntes Beispiel ist das Royal Masonic School for Boys und später das Royal Masonic School for Girls, die im 18. und 19. Jahrhundert in Großbritannien gegründet wurden, um den Kindern von verstorbenen Freimaurern eine schulische Ausbildung zu ermöglichen. Diese Einrichtungen wurden gegründet, um den Grundwert der Brüderlichkeit in die Praxis umzusetzen und den jungen Menschen die Chance auf eine bessere Zukunft zu geben. Diese Art von Bildungsförderung ist bis heute eine der zentralen Säulen der freimaurerischen Philanthropie und zeigt das fortwährende Engagement der Freimaurer für die Bildung und den sozialen Aufstieg.

Neben der Bildungsförderung ist die Gesundheitsfürsorge ein weiterer wichtiger Bereich der freimaurerischen Philanthropie. Freimaurerlogen auf der ganzen Welt unterstützen Krankenhäuser, Kliniken und medizinische Forschungseinrichtungen und fördern Programme, die den Zugang zu medizinischer Versorgung verbessern. Besonders in den Vereinigten Staaten ist die Unterstützung von Kinderkrankenhäusern und -kliniken durch die Freimaurerei weit verbreitet. So gründeten die Shriners, eine Organisation, die mit der Freimaurerei verbunden ist, ein Netzwerk von Kinderkrankenhäusern, die sich auf die Behandlung von orthopädischen und Verbrennungsverletzungen spezialisiert haben und die ihre Dienste kostenlos anbieten. Diese Krankenhäuser stehen allen Kindern offen, unabhängig von ihrer Herkunft oder finanziellen Situation, und bieten eine umfassende Versorgung, die von der Diagnose über die Behandlung bis zur Rehabilitation reicht. Dieses Engagement in der Gesundheitsversorgung ist ein Beispiel dafür, wie die Freimaurerei ihre Ressourcen und ihren Einfluss für das Wohl der Gemeinschaft einsetzt und einen positiven Beitrag zur Gesellschaft leistet.

In vielen Ländern engagieren sich die Freimaurerlogen auch in der Katastrophenhilfe. Bei Naturkatastrophen, wie Erdbeben, Überschwemmungen oder Hurrikans, organisieren die Freimaurer Spendenaktionen und helfen bei der Bereitstellung von Hilfsgütern und Unterkünften für die betroffenen Menschen. Die Freimaurer betrachten diese Hilfe als eine Verpflichtung, die aus ihrem Ideal der Brüderlichkeit und Solidarität erwächst. Indem sie in Notsituationen schnell und unbürokratisch Hilfe leisten, zeigen die Freimaurer, dass ihre Prinzipien nicht nur in feierlichen Ritualen, sondern auch in konkreten Handlungen verwirklicht werden.

Die Katastrophenhilfe ist ein Ausdruck des freimaurerischen
Ideals, dass jeder Mensch in schwierigen Zeiten Unterstützung
und Mitgefühl erfahren sollte und dass die Freimaurerei bereit ist,
Verantwortung für das Wohl der Gesellschaft zu übernehmen.

Neben den großen philanthropischen Projekten engagieren sich
die Freimaurerlogen auch in kleineren, lokalen Initiativen, die oft
auf die spezifischen Bedürfnisse der jeweiligen Gemeinden
ausgerichtet sind. Viele Logen fördern Projekte zur Unterstützung
von Obdachlosen, Drogenabhängigen, Behinderten und älteren
Menschen und organisieren Veranstaltungen, die das
Zusammenleben und den sozialen Zusammenhalt stärken sollen.
Diese Projekte werden oft in Zusammenarbeit mit anderen
gemeinnützigen Organisationen und lokalen Behörden
durchgeführt und zeigen die Bereitschaft der Freimaurer, in ihrer
direkten Umgebung Verantwortung zu übernehmen und den
Menschen in ihrem Umfeld zu helfen. Das Engagement in der
Gemeinde ist ein weiteres Beispiel dafür, wie die Freimaurer ihre
Werte in die Praxis umsetzen und zur Förderung des sozialen
Zusammenhalts beitragen.

Ein wesentliches Merkmal der freimaurerischen Philanthropie ist
ihre Beständigkeit. Die Freimaurerlogen engagieren sich nicht nur
in einmaligen Projekten, sondern verfolgen langfristige Ziele und
tragen zur nachhaltigen Verbesserung der Lebensbedingungen
bei. Dieses Engagement für langfristige Projekte zeigt sich
beispielsweise in der Unterstützung von Forschungseinrichtungen
und Stiftungen, die sich mit Themen wie Bildung, Gesundheit und
Umweltschutz beschäftigen. Indem die Freimaurer ihre
Ressourcen in nachhaltige Projekte investieren, zeigen sie ihre
Verpflichtung zu einer positiven und dauerhaften Veränderung in
der Gesellschaft.

Diese langfristige Perspektive der freimaurerischen Philanthropie ist ein Ausdruck des tief verwurzelten ethischen Prinzips, dass wahre Brüderlichkeit bedeutet, die Gemeinschaft in einer Weise zu unterstützen, die das Wohl zukünftiger Generationen fördert.

Zusammenfassend ist die Philanthropie ein zentraler Bestandteil der freimaurerischen Identität und zeigt, wie die Bruderschaft ihre ethischen und moralischen Werte in die Praxis umsetzt. Die Freimaurer sehen es als ihre Pflicht an, den Bedürftigen zu helfen, die Bildung zu fördern und zur Verbesserung der Gesundheitsversorgung beizutragen. Die Vielfalt und Beständigkeit der sozialen Projekte der Freimaurerlogen zeigen, dass die Freimaurerei nicht nur eine philosophische oder spirituelle Gemeinschaft ist, sondern eine Organisation, die bereit ist, Verantwortung für das Wohl der Gesellschaft zu übernehmen. Durch ihr philanthropisches Engagement leisten die Freimaurer einen wertvollen Beitrag zur Gesellschaft und fördern eine Kultur der Solidarität und des Mitgefühls, die weit über die Grenzen der Loge hinausgeht.

# Moderne Freimaurerei und ihre Herausforderungen

## Wie sich die Freimaurerei heute darstellt und welche Herausforderungen sie bewältigt

Die Freimaurerei hat im Laufe der Jahrhunderte viele Veränderungen durchlaufen und steht heute vor neuen Herausforderungen, die die moderne Gesellschaft und die fortschreitende Digitalisierung mit sich bringen. Die Bruderschaft, die sich seit ihren Anfängen auf Prinzipien wie Brüderlichkeit, Toleranz und das Streben nach Wissen stützt, sieht sich zunehmend mit einer veränderten Welt konfrontiert, in der Werte, Traditionen und gesellschaftliche Strukturen einem kontinuierlichen Wandel unterliegen. Während die Freimaurerei sich bemüht, ihre Grundwerte und Rituale zu bewahren, muss sie gleichzeitig Wege finden, um in einer modernen, globalisierten Welt relevant zu bleiben. In diesem Kapitel werfen wir einen Blick auf die Herausforderungen, denen sich die Freimaurerei im 21. Jahrhundert gegenübersieht, und untersuchen, wie die Bruderschaft sich weiterentwickelt, um ihren Mitgliedern Orientierung und Sinn in einer zunehmend komplexen Welt zu bieten.

Eine der größten Herausforderungen, mit denen die moderne Freimaurerei konfrontiert ist, ist die Frage nach ihrer Relevanz in einer zunehmend säkularisierten und individualisierten Gesellschaft.

Die heutigen Freimaurerlogen stehen vor der Aufgabe, ein Gleichgewicht zwischen Tradition und Modernität zu finden, um einer neuen Generation von Mitgliedern gerecht zu werden, die oft weniger Interesse an althergebrachten Zeremonien und Symbolen zeigt. Während die Freimaurerei einst eine zentrale Rolle im Leben vieler Menschen spielte und eine bedeutende intellektuelle, soziale und spirituelle Unterstützung bot, stehen junge Menschen heute vor einem breiten Spektrum an Wahlmöglichkeiten und finden ihre Identität zunehmend außerhalb traditioneller Gemeinschaften. Dieser Wandel führt dazu, dass viele Freimaurerlogen um Mitglieder kämpfen und sich fragen müssen, wie sie sich an die Erwartungen und Bedürfnisse einer neuen Generation anpassen können, ohne ihre eigenen Werte und Überzeugungen zu verlieren.

Ein weiteres bedeutendes Thema, das die Freimaurerei heute beschäftigt, ist die Transparenz und das öffentliche Verständnis der Bruderschaft. Die Freimaurerloge galt historisch als ein Ort der Verschwiegenheit, an dem nur Eingeweihte Zugang zu bestimmten Lehren und Ritualen hatten. Diese Geheimhaltung war ein zentrales Merkmal der Freimaurerei und trug dazu bei, die besonderen Riten und Symbole zu schützen, die die Freimaurer miteinander verbanden. Doch in der modernen Informationsgesellschaft, in der Menschen nahezu uneingeschränkten Zugang zu Wissen und Informationen haben, wird diese Geheimhaltung zunehmend kritisch betrachtet und oft missverstanden. Viele Menschen begegnen der Freimaurerei mit Skepsis oder hegen sogar Misstrauen gegenüber den Absichten und Zielen der Bruderschaft. Die Herausforderung für die Freimaurerei besteht daher darin, das richtige Maß an Transparenz zu finden, um Vorurteile und Missverständnisse abzubauen, ohne dabei ihre traditionellen Werte und die Bedeutung ihrer Rituale zu verwässern.

Die Digitalisierung stellt eine weitere Herausforderung dar, die das Wesen und die Aktivitäten der modernen Freimaurerei beeinflusst. Die Logen, die traditionell Orte der physischen Zusammenkunft und des persönlichen Austauschs waren, müssen sich nun damit auseinandersetzen, dass viele Interaktionen in den digitalen Raum verlagert werden. Während die Freimaurerei als Bruderschaft vom persönlichen Austausch lebt, eröffnen digitale Kommunikationsmittel neue Möglichkeiten, Logenaktivitäten flexibler zu gestalten und potenzielle Mitglieder zu erreichen, die geografisch entfernt leben oder in einer zunehmend mobilen Gesellschaft nur schwer an regelmäßigen Treffen teilnehmen können. Gleichzeitig bringt die Digitalisierung jedoch auch Herausforderungen für den Schutz der Daten und die Wahrung der Vertraulichkeit mit sich. Die Freimaurerei muss sich daher die Frage stellen, wie sie ihre Gemeinschaft und ihre Werte im digitalen Raum erhalten kann, ohne die intime und persönliche Erfahrung zu verlieren, die die Logenzusammenkünfte seit jeher prägt.

Die Freimaurerei steht heute auch vor gesellschaftlichen Fragen, die sie intern wie extern fordern. In einer Zeit, die durch den Ruf nach Gleichberechtigung und Inklusion geprägt ist, wird der traditionelle Ausschluss von Frauen und anderen Gruppen aus den meisten Freimaurerlogen hinterfragt. Obwohl es mittlerweile Frauenlogen und gemischte Logen gibt, sind viele klassische Logenstrukturen noch immer ausschließlich Männern vorbehalten, was zunehmend Kritik und Diskussionen hervorruft. Die Bruderschaft sieht sich vor die Aufgabe gestellt, sich diesen Fragen zu stellen und mögliche Reformen zu diskutieren, um auch in einer vielfältigen Gesellschaft als relevant und offen wahrgenommen zu werden. Die Herausforderung besteht darin, die Werte und Traditionen der Freimaurerei zu bewahren und gleichzeitig Raum für neue Perspektiven und eine breitere Inklusion zu schaffen.

Nicht zuletzt muss die moderne Freimaurerei ihren Mitgliedern eine sinnvolle Antwort auf die Frage bieten, wie sie sich in einer globalisierten Welt engagieren kann. Die Bruderschaft hat sich traditionell durch Wohltätigkeitsarbeit und soziales Engagement ausgezeichnet und setzt sich auch heute noch in vielen Regionen für die Gemeinschaft ein. In einer globalisierten Welt, in der die Probleme zunehmend komplex und grenzüberschreitend sind, stellt sich jedoch die Frage, wie die Freimaurerei ihre Prinzipien von Brüderlichkeit und sozialer Verantwortung auf eine Weise anwenden kann, die aktuellen globalen Herausforderungen gerecht wird. Sei es in der Bildung, in der sozialen Gerechtigkeit oder im Umweltschutz – die Freimaurerloge hat das Potenzial, ihre Mitglieder zu einem ethischen und verantwortungsvollen Handeln zu ermutigen und zu einer Kraft des positiven Wandels zu werden.

Zusammengefasst steht die moderne Freimaurerei vor der Herausforderung, ihren Platz in einer sich schnell verändernden Welt neu zu definieren und ihre Relevanz in der Gesellschaft zu bewahren. Sie muss sich den Anforderungen einer zunehmend diversifizierten und technologisierten Gesellschaft stellen, die Transparenz und Inklusion fordert und die Traditionen und Riten in einem neuen Licht sieht. Die Frage, wie die Freimaurerei ihren Mitgliedern auch heute noch eine Orientierung geben und gleichzeitig in der modernen Gesellschaft wirken kann, bleibt eine der zentralen Herausforderungen für die Bruderschaft im 21. Jahrhundert. In diesem Kapitel werden die wichtigsten Themen und Fragen untersucht, die die Freimaurerei heute prägen und die zeigen, wie sie sich als lebendige, sinnstiftende Gemeinschaft für die Zukunft wappnet.

## Die Freimaurerei im 21. Jahrhundert: Neue Wege und Traditionen

Die Freimaurerei im 21. Jahrhundert steht vor einer Reihe bedeutender Veränderungen und Herausforderungen, die sowohl die traditionellen Praktiken als auch die Werte und das Selbstverständnis der Bruderschaft betreffen. Obwohl die Freimaurerei seit ihren Anfängen im 18. Jahrhundert Bestand hat und ihre Grundwerte weitgehend beibehalten hat, sieht sie sich heute mit gesellschaftlichen, technologischen und kulturellen Entwicklungen konfrontiert, die neue Wege und Anpassungen erforderlich machen. Dieses Kapitel untersucht die moderne Freimaurerei im Kontext der heutigen Zeit und beleuchtet, wie sich die Bruderschaft sowohl an Traditionen festhält als auch neue Ansätze entwickelt, um weiterhin eine relevante Rolle in der Gesellschaft zu spielen.

Eine der größten Herausforderungen der Freimaurerei im 21. Jahrhundert ist die Frage nach ihrer Sichtbarkeit und ihrem öffentlichen Image. Seit jeher umgibt die Freimaurerei eine Aura des Geheimnisvollen und des Verschlossenen, was im Laufe der Jahrhunderte Anlass zu Spekulationen und Verschwörungstheorien gegeben hat. In einer Zeit, die durch das Bedürfnis nach Transparenz und Offenheit geprägt ist, haben viele Freimaurerlogen begonnen, ihre Aktivitäten und ihre Werte öffentlich zu kommunizieren und ihre Arbeit zugänglicher zu machen. Diese Bemühungen zielen darauf ab, das öffentliche Bild der Freimaurerei zu entmystifizieren und deutlich zu machen, dass die Bruderschaft sich an ethischen und gemeinnützigen Werten orientiert.

Die Öffnung der Logen gegenüber der Gesellschaft und die
Präsentation ihrer Arbeit in sozialen Medien und auf öffentlichen
Veranstaltungen sind neue Wege, die die Freimaurerei beschreitet,
um die Missverständnisse und Vorurteile, die sich im Laufe der
Geschichte angesammelt haben, abzubauen.

Ein weiterer wichtiger Aspekt der modernen Freimaurerei ist die
verstärkte Einbindung digitaler Technologien. Die
Freimaurerlogen haben die Möglichkeiten der Digitalisierung
erkannt und nutzen diese, um ihre Arbeit effizienter zu gestalten
und den Austausch zwischen den Mitgliedern zu erleichtern.
Digitale Plattformen und Kommunikationsmittel ermöglichen es
den Logen, über geografische Grenzen hinweg zu kommunizieren
und auch in Zeiten, in denen physische Zusammenkünfte
erschwert sind, den Kontakt aufrechtzuerhalten. Während früher
die Treffen in Logengebäuden unverzichtbar waren, ermöglicht
die Digitalisierung nun virtuelle Treffen und Online-Diskussionen,
die besonders in der jüngeren Generation auf Zustimmung stoßen.
Diese Entwicklung hat zur Schaffung sogenannter „virtueller
Logen" geführt, in denen Freimaurer online zusammenkommen,
um über freimaurerische Themen zu sprechen und ihre Arbeit zu
organisieren. Die Digitalisierung ist somit ein neues Werkzeug,
das die Freimaurerei in ihre Arbeit integriert, um Traditionen zu
bewahren und gleichzeitig den Anforderungen der modernen
Gesellschaft gerecht zu werden.

Die Mitgliedergewinnung stellt für die Freimaurerei im 21.
Jahrhundert eine weitere große Herausforderung dar. In vielen
westlichen Ländern ist die Zahl der Mitglieder seit den 1960er
Jahren kontinuierlich zurückgegangen, was auf verschiedene
gesellschaftliche und kulturelle Veränderungen zurückzuführen
ist.

Die zunehmende Individualisierung, die Abnahme der Bindung an institutionalisierte Organisationen und der Einfluss digitaler Medien haben dazu geführt, dass viele Menschen traditionelle Bruderschaften und Vereinigungen als weniger attraktiv empfinden. Die Freimaurerei reagiert auf diese Herausforderung, indem sie verstärkt junge Menschen anspricht und ihre Botschaft an die Bedürfnisse und Interessen der neuen Generation anpasst. Einige Logen bieten Informationsveranstaltungen und öffentliche Vorträge an, um das Interesse junger Menschen an der Freimaurerei zu wecken und ihnen die Möglichkeit zu geben, mehr über die Werte und Ziele der Bruderschaft zu erfahren. Die Herausforderung besteht dabei darin, ein Gleichgewicht zwischen der Beibehaltung der traditionellen Werte und der Anpassung an die moderne Zeit zu finden, um die Freimaurerei als eine relevante und attraktive Gemeinschaft für die Zukunft zu positionieren.

Die Frage der Rolle der Frauen in der Freimaurerei ist ein weiteres bedeutendes Thema im 21. Jahrhundert. In vielen Ländern war die Freimaurerei traditionell eine rein männliche Gemeinschaft, doch mit dem wachsenden Bewusstsein für Gleichberechtigung und Geschlechtergerechtigkeit haben zahlreiche Logen begonnen, sich für weibliche Mitglieder zu öffnen. Heute existieren in vielen Ländern Frauenlogen und gemischte Logen, die Männern und Frauen gleichermaßen offenstehen. Diese Entwicklung ist jedoch nicht überall unumstritten und führt zu Diskussionen über die Vereinbarkeit von Tradition und Modernität innerhalb der Freimaurerei. Befürworter der Aufnahme von Frauen argumentieren, dass die Freimaurerei als Gemeinschaft, die sich ethischen Werten und der Förderung von Brüderlichkeit und Toleranz verschrieben hat, sich auch für die Geschlechtergleichheit einsetzen sollte. Die Integration von Frauen in die Freimaurerei ist somit ein Zeichen für den Wandel und die Anpassungsfähigkeit der Bruderschaft an die gesellschaftlichen Veränderungen im 21. Jahrhundert.

Ein weiteres wichtiges Thema, das die moderne Freimaurerei prägt, ist die Frage nach ihrer sozialen Verantwortung und ihrem Beitrag zur Gesellschaft. Die Freimaurerei hat seit jeher einen ethischen Anspruch und fördert gemeinnützige Projekte und wohltätige Initiativen. Im 21. Jahrhundert jedoch erwarten viele Menschen von Organisationen eine noch aktivere Rolle in der Förderung des Gemeinwohls und in der Bekämpfung gesellschaftlicher Herausforderungen wie Armut, Ungleichheit und Umweltzerstörung. Die Freimaurerei reagiert auf diese Erwartungen, indem sie verstärkt soziale Projekte und Umweltinitiativen unterstützt und ihre Mitglieder dazu ermutigt, sich in der Gemeinschaft zu engagieren. Viele Logen setzen sich für wohltätige Zwecke ein und fördern Projekte im Bereich der Bildung, der Gesundheitsfürsorge und des Umweltschutzes. Dieses Engagement zeigt, dass die Freimaurerei bestrebt ist, ihrer Verantwortung als gesellschaftliche Institution gerecht zu werden und einen positiven Beitrag zur Lösung globaler und lokaler Probleme zu leisten.

Die moderne Freimaurerei sieht sich auch mit Fragen der interreligiösen und interkulturellen Verständigung konfrontiert. Die Freimaurerlogen haben sich seit jeher als Orte der Toleranz und des Respekts gegenüber unterschiedlichen religiösen und kulturellen Hintergründen verstanden. In einer globalisierten Welt, in der die kulturelle und religiöse Vielfalt zunimmt, wird diese Rolle noch wichtiger. Die Freimaurer fördern den interkulturellen Dialog und den Austausch zwischen Menschen verschiedener Herkunft und Überzeugungen, um ein Klima des Verständnisses und der Brüderlichkeit zu schaffen. Diese interkulturelle Offenheit ist besonders relevant, da die Freimaurerei in verschiedenen Ländern und kulturellen Kontexten eine unterschiedliche Bedeutung hat.

In vielen Logen wird heute ein besonderes Augenmerk auf die Förderung von Toleranz und Respekt gelegt, um ein Zeichen für die interkulturelle und interreligiöse Verständigung zu setzen und zu zeigen, dass die Freimaurerei eine Gemeinschaft ist, die Menschen unabhängig von ihrer Herkunft oder Religion vereint.

Zusammengefasst lässt sich sagen, dass die Freimaurerei im 21. Jahrhundert sowohl ihre traditionellen Werte bewahrt als auch neue Wege beschreitet, um auf die Herausforderungen der modernen Welt zu reagieren. Die Bruderschaft hat sich den Veränderungen der Zeit angepasst, ohne ihre grundlegenden Prinzipien aufzugeben. Indem sie sich gegenüber der Gesellschaft öffnet, digitale Technologien integriert, neue Mitglieder anspricht und soziale Verantwortung übernimmt, zeigt die Freimaurerei ihre Bereitschaft, eine relevante und zeitgemäße Gemeinschaft zu bleiben.

## Herausforderungen der Geheimhaltung in einer offenen Gesellschaft

Die Geheimhaltung ist ein wesentlicher Bestandteil der Freimaurerei und gehört zu den ältesten Traditionen der Bruderschaft. Seit ihrer Entstehung hat die Freimaurerei auf Verschwiegenheit gesetzt, um die Integrität ihrer Rituale zu wahren und ihren Mitgliedern eine geschützte Umgebung für persönliche und spirituelle Entwicklung zu bieten. In einer Zeit, in der Transparenz und Offenheit zunehmend als zentrale Werte der Gesellschaft betrachtet werden, stellt sich jedoch die Frage, wie die Freimaurerei diese Tradition der Geheimhaltung aufrechterhalten und gleichzeitig ihren Platz in einer modernen, offenen Gesellschaft finden kann.

In diesem Kapitel untersuchen wir die Bedeutung der Geheimhaltung in der Freimaurerei und die Herausforderungen, die damit verbunden sind, wenn die Bruderschaft weiterhin ein positiver und relevanter Teil der heutigen Gesellschaft sein möchte.

Historisch betrachtet hat die Geheimhaltung in der Freimaurerei verschiedene Funktionen erfüllt. Zum einen war sie eine Schutzmaßnahme, die die Bruderschaft und ihre Mitglieder vor Verfolgung und Missverständnissen bewahrte. In vielen Perioden der Geschichte wurden Freimaurer von staatlichen oder religiösen Institutionen kritisch betrachtet, da ihre Versammlungen und Rituale als potenzielle Bedrohung für die bestehende Ordnung wahrgenommen wurden. Die Verschwiegenheit ermöglichte es den Freimaurern, ihre Treffen und Praktiken abseits der Öffentlichkeit abzuhalten und ihre Ideale der Freiheit, Gleichheit und Brüderlichkeit in einer oft feindlich gesinnten Umgebung zu pflegen. Diese Praxis des Geheimhaltens war daher eine Überlebensstrategie, die der Freimaurerei half, ihre Prinzipien zu bewahren und zu schützen.

Ein weiterer Grund für die Geheimhaltung liegt in der symbolischen Bedeutung, die sie innerhalb der Freimaurerei hat. Für die Mitglieder der Bruderschaft repräsentiert die Geheimhaltung den Wert des Vertrauens und der Vertraulichkeit, die die Bindung unter den Brüdern stärkt. Die Rituale und Symbole der Freimaurerei sind nicht bloße Formalitäten, sondern Ausdruck einer tiefen, spirituellen Reise, die jeder Freimaurer für sich selbst erlebt und interpretiert.

Die Verschwiegenheit über diese Erfahrungen ist daher ein Zeichen des Respekts vor der Bedeutung dieser Rituale und ein Ausdruck des persönlichen Engagements jedes Mitglieds. Die Geheimhaltung ist in diesem Kontext eine Möglichkeit, die Integrität der freimaurerischen Tradition zu wahren und den persönlichen Entwicklungsweg eines jeden Freimaurers zu schützen.

In einer offenen Gesellschaft, die durch den Zugang zu Informationen und die Forderung nach Transparenz geprägt ist, sieht sich die Freimaurerei jedoch neuen Herausforderungen gegenüber. Die Geheimhaltung, die früher ein Schutz für die Bruderschaft darstellte, wird heute häufig als Anlass für Misstrauen und Spekulationen wahrgenommen. Die Frage nach der Rolle und den Aktivitäten der Freimaurerei hat über die Jahrhunderte hinweg zu zahlreichen Mythen und Verschwörungstheorien geführt, die das öffentliche Bild der Bruderschaft nachhaltig beeinflusst haben. In einer Welt, in der die Menschen zunehmend Transparenz von Institutionen erwarten, wird die Geheimhaltung oft missverstanden oder als Zeichen für eine elitäre und undurchsichtige Struktur gedeutet. Die Herausforderung für die Freimaurerei besteht daher darin, die Balance zwischen der Bewahrung ihrer Tradition der Verschwiegenheit und der Schaffung eines offenen und vertrauensvollen Verhältnisses zur Öffentlichkeit zu finden.

Ein Beispiel für diese Herausforderung zeigt sich in der Frage der Mitgliedschaft. In vielen Ländern ist es heute üblich, dass Unternehmen und Organisationen ihre Mitglieder oder Mitarbeiter offen darstellen, um Transparenz zu schaffen und das Vertrauen der Öffentlichkeit zu gewinnen. Die Freimaurerei hingegen hält sich an das Prinzip, die Identität ihrer Mitglieder nicht öffentlich preiszugeben, es sei denn, die Mitglieder entscheiden sich selbst dafür, ihre Zugehörigkeit bekanntzugeben.

Diese Praxis hat ihren Ursprung in Zeiten, in denen die Zugehörigkeit zur Freimaurerei ein Risiko darstellte, da Mitglieder häufig Anfeindungen und Verfolgung ausgesetzt waren. Obwohl diese Gefahr heute in vielen Teilen der Welt nicht mehr besteht, wird die Geheimhaltung der Mitglieder dennoch beibehalten. Dies führt zu Spannungen, da die Öffentlichkeit oft wissen möchte, wer hinter den Logen steht und welchen Einfluss diese Personen möglicherweise auf gesellschaftliche Entscheidungen haben.

Ein weiteres Beispiel für die Herausforderung der Geheimhaltung in einer offenen Gesellschaft ist die Durchführung der Rituale. Die Freimaurerei ist bekannt für ihre symbolträchtigen und komplexen Rituale, die den Weg zur Selbstfindung und moralischen Entwicklung darstellen. Diese Rituale sind jedoch nicht für die Öffentlichkeit zugänglich und werden nur innerhalb der geschlossenen Räume der Logen durchgeführt. In einer Gesellschaft, die an der Transparenz von Institutionen interessiert ist, wird diese Geheimhaltung häufig als unverständlich oder gar verdächtig empfunden. Viele Menschen fragen sich, was in den Logen geschieht und ob die Freimaurer möglicherweise geheime Informationen oder Rituale praktizieren, die der Gesellschaft verborgen bleiben sollen. Diese Fragen führen zu Misstrauen und Vorurteilen, die das Bild der Freimaurerei in der Öffentlichkeit beeinflussen und zu einer Herausforderung für die Bruderschaft werden, die ihr Selbstverständnis und ihre Rituale wahren möchte, ohne dass dies zu negativen Interpretationen führt.

Die Freimaurerei hat in den letzten Jahren versucht, auf diese Herausforderungen zu reagieren, indem sie vermehrt auf Transparenz setzt und der Öffentlichkeit Einblicke in ihre Aktivitäten gewährt.

Viele Freimaurerlogen haben begonnen, Informationsveranstaltungen zu organisieren und interessierten Personen die Möglichkeit zu geben, die Logen zu besuchen und mehr über die freimaurerischen Prinzipien und Werte zu erfahren. Diese Maßnahmen sollen das öffentliche Verständnis für die Freimaurerei verbessern und dazu beitragen, das Misstrauen gegenüber der Bruderschaft zu verringern. Gleichzeitig sehen sich die Freimaurer jedoch mit der Frage konfrontiert, inwieweit sie ihre Traditionen der Verschwiegenheit aufgeben können, ohne die Integrität und das symbolische Erbe ihrer Gemeinschaft zu gefährden. Die Balance zwischen Offenheit und Geheimhaltung bleibt daher eine zentrale Herausforderung für die Freimaurerei im 21. Jahrhundert.

Die Digitalisierung und der Zugang zu Informationen über das Internet haben die Herausforderungen der Geheimhaltung noch verstärkt. In einer Welt, in der Informationen jederzeit verfügbar und leicht verbreitbar sind, ist es für die Freimaurerei schwieriger denn je, die Vertraulichkeit ihrer Rituale und Lehren aufrechtzuerhalten. Viele freimaurerische Symbole und Rituale sind heute im Internet dokumentiert und für jedermann zugänglich. Dies hat zur Folge, dass das Geheimnisvolle der Freimaurerei teilweise verloren geht und die Bruderschaft in der Öffentlichkeit zunehmend als gewöhnliche Organisation wahrgenommen wird. Gleichzeitig eröffnet die Digitalisierung aber auch neue Möglichkeiten für die Freimaurerei, ihre Arbeit transparent darzustellen und der Öffentlichkeit ihre ethischen und humanitären Ziele näherzubringen. Die Freimaurer stehen vor der Herausforderung, die Chancen der digitalen Welt zu nutzen, ohne ihre grundlegenden Prinzipien der Vertraulichkeit und der Tradition zu vernachlässigen.

Ein weiterer Aspekt, der im Zusammenhang mit der Geheimhaltung der Freimaurerei oft übersehen wird, ist die Bedeutung der persönlichen und spirituellen Entwicklung. Für viele Freimaurer ist die Verschwiegenheit ein Mittel, um ihre persönliche Entwicklung zu schützen und ihre inneren Erlebnisse nicht der Öffentlichkeit preiszugeben. Die freimaurerischen Rituale und Lehren sind nicht für die breite Öffentlichkeit gedacht, da sie eine individuelle und tiefgehende Auseinandersetzung mit den eigenen Werten und Überzeugungen erfordern. Die Geheimhaltung ermöglicht es den Freimaurern, sich auf ihre persönliche und spirituelle Reise zu konzentrieren, ohne durch äußere Einflüsse oder öffentliche Meinungen abgelenkt zu werden. Dieses Prinzip der inneren Auseinandersetzung und Selbstfindung ist ein wesentlicher Bestandteil der freimaurerischen Philosophie und wird durch die Praxis der Geheimhaltung unterstützt.

Zusammengefasst ist die Geheimhaltung sowohl eine Herausforderung als auch eine zentrale Tradition der Freimaurerei. Die Bruderschaft steht im Spannungsfeld zwischen ihrem Anspruch auf Vertraulichkeit und den Erwartungen einer zunehmend transparenten Gesellschaft. Indem die Freimaurerei Wege sucht, sich zu öffnen und gleichzeitig ihre Traditionen zu wahren, stellt sie sich aktiv den Anforderungen der modernen Welt. Die Herausforderung der Geheimhaltung ist somit nicht nur eine Frage des öffentlichen Images, sondern auch eine grundlegende Auseinandersetzung mit der Identität der Freimaurerei und ihrer Rolle in der Gesellschaft des 21. Jahrhunderts.

## Frauen und Minderheiten in der modernen Freimaurerei

Die Rolle von Frauen und Minderheiten in der Freimaurerei ist ein Thema, das seit mehreren Jahrzehnten diskutiert wird und im 21. Jahrhundert an Relevanz gewinnt. Die Freimaurerei, die traditionell eine überwiegend männliche Organisation war, sieht sich zunehmend mit Fragen der Geschlechtergleichheit und Inklusion konfrontiert. Während einige Logen und Großlogen an den traditionellen Geschlechtergrenzen festhalten, haben andere begonnen, Frauen und Mitglieder unterschiedlicher ethnischer und kultureller Herkunft zu integrieren. Die Integration von Frauen und Minderheiten stellt sowohl eine Herausforderung als auch eine Chance für die Freimaurerei dar, sich an die gesellschaftlichen Veränderungen anzupassen und als moderne und offene Gemeinschaft zu positionieren. In diesem Kapitel beleuchten wir die historische Entwicklung, den aktuellen Stand und die Perspektiven für die Rolle von Frauen und Minderheiten in der Freimaurerei.

Historisch betrachtet war die Freimaurerei eine Organisation, die ausschließlich Männern vorbehalten war. Diese Tradition geht auf die Ursprünge der Freimaurerei im Mittelalter zurück, als die ersten Logen aus den Zünften und Bruderschaften der Steinmetze hervorgingen, die ausschließlich männlich waren. Diese handwerklichen Bauhütten bildeten die Grundlage für die moderne Freimaurerei, und der Ausschluss von Frauen wurde in die späteren freimaurerischen Konstitutionen übernommen. Die Exklusivität der Freimaurerei für Männer war in einer Zeit, in der gesellschaftliche und berufliche Rollen klar nach Geschlechtern getrennt waren, kaum umstritten. Im Laufe der Jahrhunderte entstand jedoch eine Gegenbewegung, und insbesondere im 20. und 21. Jahrhundert begannen Frauen, selbst Freimaurerlogen zu gründen oder sich für die Aufnahme in bestehende Logen einzusetzen.

Ein frühes Beispiel für die Einbeziehung von Frauen in die Freimaurerei ist die Gründung von sogenannten „adoptiven Logen" in Frankreich im 18. Jahrhundert. Diese Logen waren zwar nicht gleichberechtigt mit den regulären Männerlogen, boten Frauen jedoch die Möglichkeit, in einem freimaurerischen Umfeld an rituellen Zeremonien und ethischen Diskussionen teilzunehmen. Die Mitglieder dieser Logen, darunter oft Frauen aus dem Adel, hatten Zugang zu einem Netzwerk und einem Raum für intellektuellen Austausch, was in der damaligen Gesellschaft eine Seltenheit darstellte. Adoptivlogen waren jedoch in ihrer Struktur und Hierarchie den regulären Logen untergeordnet, und ihre Rituale waren häufig symbolisch abgeschwächt. Dennoch markierten diese Logen einen ersten Schritt zur Einbeziehung von Frauen in die freimaurerische Gemeinschaft und stellten eine wichtige Entwicklung dar, die die Grundlage für die späteren Frauenlogen legte.

Im 20. Jahrhundert kam es zur Gründung eigenständiger Frauenlogen, die sich unabhängig von den traditionellen Männerlogen organisierten. In Großbritannien entstand 1908 die erste eigenständige Großloge für Frauen, die Order of Women Freemasons, die sich bald auf andere Länder ausweitete. Diese Loge ermöglichte es Frauen, die traditionellen freimaurerischen Rituale durchzuführen und ihre eigene Gemeinschaft zu schaffen, die sich den gleichen Werten und Zielen wie die Männerlogen verschrieben hat. Heute gibt es in vielen Ländern unabhängige Frauenlogen und sogar gemischte Logen, die sowohl Frauen als auch Männer als Mitglieder aufnehmen. Diese Entwicklung spiegelt das gesellschaftliche Streben nach Gleichberechtigung und die Anerkennung der Frauen als integralen Bestandteil der freimaurerischen Gemeinschaft wider.

Trotz dieser Entwicklungen bleibt die Frage nach der Rolle von Frauen in der Freimaurerei ein kontroverses Thema. Viele traditionelle Großlogen, insbesondere in den Vereinigten Staaten und im Vereinigten Königreich, lehnen die Aufnahme von Frauen nach wie vor ab und halten an der traditionellen Auffassung fest, dass die Freimaurerei eine reine Männergemeinschaft sein sollte. Diese Großlogen sehen in der Exklusivität für Männer eine Tradition, die zum historischen und symbolischen Erbe der Freimaurerei gehört. Befürworter dieser Ansicht argumentieren, dass die Freimaurerei durch den Ausschluss von Frauen ihren ursprünglichen Charakter und ihre Rituale bewahrt. Gegner dieser Auffassung hingegen betrachten den Ausschluss von Frauen als veraltet und nicht vereinbar mit den freimaurerischen Prinzipien der Gleichheit und Brüderlichkeit. Die Diskussion über die Rolle der Frauen zeigt, wie die Freimaurerei sich zwischen der Bewahrung traditioneller Werte und der Anpassung an moderne gesellschaftliche Normen bewegt.

Neben der Rolle der Frauen ist auch die Frage nach der Integration ethnischer und kultureller Minderheiten in die Freimaurerei von wachsender Bedeutung. Die Freimaurerei hat sich immer als eine universelle Bruderschaft verstanden, die Menschen unabhängig von ihrer Herkunft oder ihrem Glauben vereint. In der Praxis jedoch war die Mitgliedschaft in vielen freimaurerischen Großlogen lange Zeit überwiegend auf Mitglieder einer bestimmten ethnischen oder sozialen Gruppe beschränkt. Besonders in den Vereinigten Staaten gab es historisch gesehen eine deutliche Trennung zwischen Logen, die von weißen und schwarzen Mitgliedern besucht wurden, was auf die gesellschaftliche Segregation und Rassentrennung zurückzuführen ist. Diese Trennung führte zur Gründung von sogenannten Prince-Hall-Logen, benannt nach Prince Hall, einem der ersten schwarzen Freimaurer in den USA, die eine eigene freimaurerische Tradition und Gemeinschaft bildeten.

Heute sind die meisten Großlogen bemüht, ethnische und kulturelle Vielfalt zu fördern und Menschen aller Hintergründe aufzunehmen. Viele Logen haben sich aktiv dafür eingesetzt, die Barrieren abzubauen, die früher Menschen unterschiedlicher Herkunft von der Mitgliedschaft ausgeschlossen haben. Die Anerkennung und Zusammenarbeit zwischen traditionellen Logen und Prince-Hall-Logen hat sich verbessert, und es gibt vermehrt gemeinsame Veranstaltungen und Rituale, die die Einheit und Vielfalt der Freimaurerei betonen. Diese Entwicklung ist ein wichtiger Schritt, um die Freimaurerei als eine Organisation zu präsentieren, die für alle Menschen offen ist und die Grundwerte der Gleichheit und Brüderlichkeit fördert.

Die Integration von Frauen und Minderheiten in die Freimaurerei ist nicht nur eine Frage der Mitgliedschaft, sondern auch eine Gelegenheit zur Weiterentwicklung und Bereicherung der freimaurerischen Gemeinschaft. Die Vielfalt der Erfahrungen und Perspektiven, die Frauen und Mitglieder unterschiedlicher ethnischer Herkunft in die Logen einbringen, tragen dazu bei, den geistigen und kulturellen Austausch innerhalb der Freimaurerei zu erweitern. Diese Vielfalt ermöglicht es den Mitgliedern, neue Blickwinkel zu gewinnen und die freimaurerischen Ideale auf eine Weise zu interpretieren, die den Herausforderungen und Werten der modernen Gesellschaft entspricht. Die Öffnung für Frauen und Minderheiten zeigt, dass die Freimaurerei in der Lage ist, ihre Traditionen weiterzuentwickeln und sich an die sozialen Veränderungen anzupassen, ohne dabei ihre grundlegenden ethischen Prinzipien aufzugeben.

Gleichzeitig bleiben Herausforderungen bestehen, die es zu bewältigen gilt. Die Öffnung für Frauen und Minderheiten führt zu internen Diskussionen und Spannungen, da sich nicht alle Mitglieder mit den Veränderungen identifizieren können oder wollen.

Die Freimaurerei muss daher Wege finden, um diese Diskussionen
zu führen und gleichzeitig ein respektvolles und inklusives Umfeld
zu schaffen. Die Herausforderung besteht darin, die traditionellen
Werte und Rituale der Freimaurerei zu bewahren, während
gleichzeitig Raum für Veränderungen und neue Mitglieder
geschaffen wird. Die Freimaurerei sieht sich hier in einer
ständigen Balance zwischen Tradition und Innovation, was zu
einer Auseinandersetzung mit ihrer eigenen Identität und ihren
Zielen führt.

Zusammengefasst ist die Rolle von Frauen und Minderheiten in
der Freimaurerei ein komplexes Thema, das die Bruderschaft vor
grundlegende Fragen stellt. Die moderne Freimaurerei hat sich in
vielerlei Hinsicht geöffnet und ist bestrebt, ein inklusives und
vielfältiges Umfeld zu schaffen, das Menschen aller Geschlechter
und ethnischer Hintergründe willkommen heißt. Indem die
Freimaurerei ihre Traditionen bewahrt und gleichzeitig auf die
gesellschaftlichen Veränderungen reagiert, hat sie die Chance,
eine Gemeinschaft zu sein, die die Werte der Toleranz, Gleichheit
und Brüderlichkeit lebt und fördert.


**Die Freimaurerei und die digitale Welt**

Im 21. Jahrhundert hat die Digitalisierung nahezu alle
Lebensbereiche verändert und prägt das gesellschaftliche,
berufliche und private Leben in immer stärkerem Maße. Die
Freimaurerei, die seit jeher an ihren traditionellen Ritualen und
Werten festhält, sieht sich in einer zunehmend digitalen Welt
neuen Herausforderungen und Chancen gegenüber.

Die Digitalisierung bietet der Freimaurerei Möglichkeiten, ihren Einflussbereich zu erweitern, ihre Öffentlichkeitsarbeit zu stärken und ihren Mitgliedern weltweit neue Kommunikationskanäle zu eröffnen. Gleichzeitig stellt sie aber auch das Erbe und die Geheimhaltung der Freimaurerei infrage, da die digitale Transparenz nicht ohne Spannungen mit der Verschwiegenheit der Bruderschaft koexistiert. In diesem Kapitel beleuchten wir die verschiedenen Aspekte, die die Digitalisierung auf die Freimaurerei ausübt, und zeigen, wie die Bruderschaft den Weg in die digitale Welt meistert.

Ein zentraler Aspekt der digitalen Transformation in der Freimaurerei ist die verstärkte Nutzung digitaler Kommunikationstechnologien. Die traditionellen Treffen der Freimaurerlogen fanden und finden überwiegend in Logengebäuden statt, die als symbolische Orte des Rückzugs und des internen Austauschs gelten. Die Logen bieten den Freimaurern einen geschützten Raum, in dem sie sich über philosophische, ethische und spirituelle Fragen austauschen können. Durch die Digitalisierung haben viele Logen jedoch die Möglichkeit erhalten, diesen Austausch auch online zu organisieren, beispielsweise durch Videokonferenzen oder digitale Diskussionsplattformen. Besonders in Zeiten, in denen physische Treffen erschwert sind, bietet die digitale Kommunikation eine wichtige Alternative, um den Austausch aufrechtzuerhalten und die Gemeinschaft zu stärken. Diese Entwicklung wird besonders von jüngeren Mitgliedern begrüßt, die sich bereits an die Nutzung digitaler Technologien gewöhnt haben und den Online-Austausch als Bereicherung empfinden.

Die Einführung virtueller Logen ist ein weiterer Schritt, den die Freimaurerei in der digitalen Welt unternommen hat. Virtuelle Logen ermöglichen es Mitgliedern, die weit voneinander entfernt leben, sich regelmäßig auszutauschen und an freimaurerischen Aktivitäten teilzunehmen. Diese Art der virtuellen Zusammenkünfte erlaubt es Freimaurern aus verschiedenen Ländern und Kulturen, miteinander in Kontakt zu treten und ihre Erfahrungen und Überzeugungen zu teilen. Die Internationalität und Zugänglichkeit virtueller Logen fördert die Vielfalt innerhalb der Freimaurerei und stärkt den Dialog zwischen Mitgliedern aus unterschiedlichen Hintergründen. Gleichzeitig stellt die virtuelle Loge die Freimaurerei vor die Herausforderung, den symbolischen Wert der physischen Räume und Rituale zu bewahren, die in der Freimaurerei eine wichtige Rolle spielen. Viele Logen betonen daher, dass virtuelle Treffen die physischen Zusammenkünfte ergänzen, aber nicht vollständig ersetzen können, da die persönliche Anwesenheit und die physische Durchführung der Rituale als essenziell für die freimaurerische Erfahrung betrachtet werden.

Die Digitalisierung bietet der Freimaurerei zudem neue Möglichkeiten der Öffentlichkeitsarbeit und der Kommunikation mit der breiten Bevölkerung. In der Vergangenheit war die Freimaurerei oft von einem Schleier des Geheimnisvollen umgeben, was teilweise dazu führte, dass Missverständnisse und Mythen über die Bruderschaft entstanden. Die moderne Freimaurerei nutzt heute vermehrt digitale Medien, um die Öffentlichkeit über ihre Werte und Ziele zu informieren und das Bild der Freimaurerei als eine ethisch orientierte Gemeinschaft zu stärken. Viele Logen haben eigene Websites und Social-Media-Präsenzen, auf denen sie Einblicke in ihre Geschichte, ihre sozialen Projekte und ihre Aktivitäten geben.

Diese Online-Präsenz ermöglicht es den Freimaurern, ihre Traditionen und Werte einer breiteren Öffentlichkeit zugänglich zu machen und Vorurteile und Missverständnisse abzubauen, die oft auf Unwissenheit und Spekulationen beruhen. Die digitale Öffentlichkeitsarbeit ist ein wichtiger Schritt, um das Bild der Freimaurerei zu modernisieren und zu zeigen, dass die Bruderschaft trotz ihrer jahrhundertealten Traditionen eine offene und lebendige Gemeinschaft ist.

Ein weiterer wesentlicher Einfluss der Digitalisierung auf die Freimaurerei zeigt sich in der Verfügbarkeit freimaurerischer Literatur und Ressourcen. Durch die Digitalisierung von Archiven und Bibliotheken haben interessierte Personen heute Zugriff auf eine Vielzahl von historischen und modernen Texten über die Freimaurerei, ihre Rituale und ihre Symbolik. Online-Ressourcen, wie digitale Bibliotheken und Foren, bieten umfassende Informationen und ermöglichen es den Freimaurern und Interessierten, sich mit der Geschichte und den Lehren der Freimaurerei vertraut zu machen. Dies hat zur Folge, dass das Wissen über die Freimaurerei heute leichter zugänglich ist und nicht mehr nur auf Mitglieder der Bruderschaft beschränkt bleibt. Die Verfügbarkeit dieser Informationen führt dazu, dass die Geheimhaltung der Freimaurerei in einer digitalen Welt neu bewertet werden muss. Die Freimaurerlogen stehen vor der Herausforderung, die Vertraulichkeit bestimmter Aspekte ihrer Tradition zu wahren, während gleichzeitig Informationen über ihre Werte und Ziele für die Öffentlichkeit zugänglich gemacht werden.

Neben den Chancen, die die Digitalisierung für die Freimaurerei mit sich bringt, stellt sie auch einige Herausforderungen dar, insbesondere im Hinblick auf die Geheimhaltung und den Schutz sensibler Informationen.

Die Freimaurerei hat eine lange Tradition der Verschwiegenheit über ihre Rituale und internen Angelegenheiten. In einer digitalisierten Welt, in der Informationen leicht verbreitet werden können, wird es jedoch zunehmend schwieriger, die Vertraulichkeit dieser Inhalte zu bewahren. Viele freimaurerische Rituale, Symbole und Lehren sind mittlerweile im Internet verfügbar und können von jedem Interessierten eingesehen werden. Diese Entwicklung führt zu Spannungen zwischen dem traditionellen Prinzip der Geheimhaltung und der modernen Realität der Informationsfreiheit. Die Freimaurerei steht vor der Frage, wie sie ihre Werte und Traditionen in einer Welt bewahren kann, die Transparenz und Offenheit als gesellschaftliche Normen schätzt.

Ein weiteres Problem, das die Freimaurerei im digitalen Zeitalter bewältigen muss, ist der Umgang mit Verschwörungstheorien und Falschinformationen, die online leicht verbreitet werden können. Die Freimaurerei ist seit langem Gegenstand von Spekulationen und Verschwörungstheorien, die oft auf falschen Annahmen und Vorurteilen beruhen. Im Internet haben solche Theorien eine Plattform gefunden, um sich schnell und weit zu verbreiten, was das öffentliche Bild der Freimaurerei beeinflussen kann. Die Freimaurerlogen setzen zunehmend auf digitale Öffentlichkeitsarbeit, um diese Mythen zu entkräften und über ihre tatsächlichen Ziele und Werte aufzuklären. Die Herausforderung besteht darin, eine glaubwürdige und sachliche Kommunikation zu führen, die auf Transparenz setzt und gleichzeitig das historische Erbe und die Traditionen der Bruderschaft respektiert.

Die Digitalisierung hat auch Auswirkungen auf die Mitgliedergewinnung und das Engagement innerhalb der Freimaurerei.

Viele junge Menschen nutzen digitale Plattformen als Informationsquelle und suchen nach Gemeinschaften, die ihre Werte und Interessen teilen. Durch ihre Online-Präsenz haben die Freimaurerlogen die Möglichkeit, neue Mitglieder anzusprechen und ein jüngeres Publikum zu erreichen, das sich vielleicht für die Werte und Traditionen der Freimaurerei interessiert, aber keine Gelegenheit hatte, die Bruderschaft kennenzulernen. Die digitale Kommunikation ermöglicht es den Logen, interessierten Personen Einblicke in die Freimaurerei zu geben und den Zugang zu erleichtern. Einige Logen bieten sogar Online-Informationsveranstaltungen an, um potenziellen Mitgliedern die Möglichkeit zu geben, mehr über die Freimaurerei zu erfahren, bevor sie sich für eine Mitgliedschaft entscheiden.

Zusammengefasst hat die Digitalisierung die Freimaurerei in eine neue Ära geführt, in der die Bruderschaft die Möglichkeiten und Herausforderungen der modernen Technologie nutzt, um ihre Werte zu kommunizieren, ihre Gemeinschaft zu stärken und eine neue Generation von Mitgliedern zu erreichen. Die Freimaurerei muss sich dabei der Aufgabe stellen, ihre Traditionen und ihre Geheimhaltung zu bewahren, während sie sich gleichzeitig an die digitale Welt anpasst. Indem sie eine Balance zwischen der Wahrung des Erbes und der Nutzung moderner Kommunikationsmittel findet, kann die Freimaurerei ihre Rolle als ethische und spirituelle Gemeinschaft in einer veränderten Gesellschaft erfolgreich weiterführen.

# Mythen und Fakten

Aufklärung über gängige Missverständnisse und Mythen rund um
die Freimaurerei

Seit Jahrhunderten umgibt die Freimaurerei ein Schleier des
Geheimnisses und der Mystik, der zahlreiche Mythen,
Missverständnisse und Verschwörungstheorien genährt hat. Die
Freimaurerei, oft als geheime Bruderschaft bezeichnet, hat seit
ihren Anfängen die Fantasie der Menschen angeregt und Anlass zu
unterschiedlichsten Spekulationen gegeben. Diese Mythen und
Gerüchte haben die öffentliche Wahrnehmung der Freimaurerei in
vielerlei Hinsicht verzerrt und dazu geführt, dass das Bild dieser
Bruderschaft von mysteriösen Vorstellungen und Halbwahrheiten
geprägt ist. In diesem Kapitel werfen wir einen umfassenden Blick
auf die gängigen Mythen und Missverständnisse rund um die
Freimaurerei und versuchen, durch sachliche Aufklärung und
fundierte Informationen die Fakten von den Fiktionen zu trennen.

Einer der weitverbreitetsten Mythen über die Freimaurerei ist die
Vorstellung, dass die Bruderschaft eine Art Geheimgesellschaft sei,
die sich der Manipulation und Steuerung der weltweiten Politik
verschrieben hat. Diese Idee, die in zahlreichen
Verschwörungstheorien verbreitet wird, sieht die Freimaurer als
eine verborgene Elite, die im Verborgenen die Geschicke der Welt
lenkt. Die Ursprünge dieser Theorie reichen bis ins 18.
Jahrhundert zurück, als die Freimaurerei sich international
ausbreitete und prominente Persönlichkeiten aus Politik,
Wissenschaft und Kultur ihre Mitglieder wurden.

Die Tatsache, dass sich Menschen aus verschiedenen gesellschaftlichen Schichten und mit unterschiedlichen Interessen in den Logen trafen, wurde von Außenstehenden als Bedrohung empfunden und trug dazu bei, das Bild der Freimaurer als einflussreiche und unzugängliche Organisation zu prägen. In Wirklichkeit ist die Freimaurerei jedoch eine gemeinnützige Organisation, die zwar Werte wie Brüderlichkeit und Toleranz betont, sich aber politisch neutral verhält und keinerlei Ambitionen zur globalen Machtübernahme verfolgt.

Ein weiteres häufiges Missverständnis über die Freimaurerei betrifft die Symbolik und die Rituale, die innerhalb der Logen gepflegt werden. Viele Menschen sehen in den Symbolen und Ritualen der Freimaurer okkulte oder gar satanische Elemente und betrachten sie als geheimnisvoll und bedrohlich. Besonders das Winkelmaß und der Zirkel, die zusammen mit dem Buch des Gesetzes als „drei große Lichter" der Freimaurerei bekannt sind, wurden von verschiedenen Verschwörungstheorien als Beweis für finstere Absichten interpretiert. In Wahrheit haben diese Symbole jedoch eine rein ethische und philosophische Bedeutung und stehen für moralische Werte und das Streben nach Selbsterkenntnis. Die Rituale und Symboliken der Freimaurer sind Ausdruck ihrer philosophischen Grundsätze und sollen den Mitgliedern helfen, sich mit den Werten der Bruderschaft zu verbinden und diese in ihrem eigenen Leben anzuwenden. Sie stellen keine Geheimlehre dar, sondern sind vielmehr eine Symbolsprache, die den inneren Entwicklungsweg jedes Mitglieds fördern soll.

Auch der Vorwurf, die Freimaurerei sei eine anti-religiöse Bewegung, gehört zu den verbreiteten Mythen, die die Bruderschaft immer wieder begleiten. Viele Kritiker behaupten, die Freimaurer seien atheistisch und würden religiöse Werte ablehnen.

Tatsächlich hat die Freimaurerei jedoch eine lange Tradition der Toleranz gegenüber religiösen Überzeugungen und sieht Religion als eine persönliche Angelegenheit ihrer Mitglieder an. Freimaurerlogen verlangen keinen spezifischen Glauben von ihren Mitgliedern und stehen Menschen aller Glaubensrichtungen offen. Die Freimaurer betonen die Existenz eines „Großen Baumeisters aller Welten", der als ein universelles, aber individuell interpretierbares Prinzip verstanden wird. Die Freimaurerei ermutigt ihre Mitglieder, nach einem ethischen und moralischen Kompass zu leben, unabhängig von ihrem persönlichen Glauben, und respektiert die religiöse Vielfalt.

In den letzten Jahrzehnten hat die Populärkultur die Mythen und Missverständnisse rund um die Freimaurerei zusätzlich verstärkt. Romane, Filme und Serien haben oft ein Bild der Freimaurer gezeichnet, das von Geheimnissen und Verschwörungen geprägt ist und die Neugier der Menschen anstachelt. Filme wie „Das Vermächtnis der Tempelritter" und Bücher wie Dan Browns „The Da Vinci Code" haben die Freimaurerei als eine Art Geheimbund dargestellt, der Zugang zu verborgenem Wissen hat und über ein Netzwerk von Einfluss und Macht verfügt. Obwohl diese Darstellungen unterhaltsam und spannend sind, tragen sie oft dazu bei, die realen Werte und Absichten der Freimaurer zu verfälschen. In der Realität ist die Freimaurerei eine Organisation, die sich für humanistische Werte einsetzt und ihre Mitglieder dazu ermutigt, sich ethisch und moralisch weiterzuentwickeln. Die tatsächliche Arbeit der Freimaurer hat wenig mit den mysteriösen Szenarien der Populärkultur zu tun, sondern liegt in der Förderung von Bildung, Wohltätigkeit und persönlicher Entwicklung.

Neben diesen Mythen gibt es zahlreiche kleinere Missverständnisse, die oft im Zusammenhang mit der Freimaurerei auftauchen. So wird häufig angenommen, dass die Mitgliedschaft in der Freimaurerei mit finanziellen oder beruflichen Vorteilen verbunden sei. In Wahrheit verlangt die Freimaurerei jedoch von ihren Mitgliedern, sich auf eine ethische Lebensweise zu verpflichten und keine persönlichen Vorteile aus ihrer Zugehörigkeit zur Bruderschaft zu ziehen. Auch die Annahme, dass die Freimaurerei ausschließlich für Männer offen sei, ist nicht korrekt, da es mittlerweile zahlreiche Frauenlogen und gemischte Logen gibt, die Frauen und Männer gleichermaßen willkommen heißen.

Durch die Analyse dieser Mythen und Missverständnisse wird deutlich, dass das öffentliche Bild der Freimaurerei oft stark von der Realität abweicht. Die Freimaurerei ist keine Geheimgesellschaft, die im Verborgenen agiert, sondern eine Bruderschaft, die auf Werten wie Toleranz, Brüderlichkeit und Selbsterkenntnis basiert. In diesem Kapitel werden wir die häufigsten Mythen und Gerüchte über die Freimaurerei sachlich aufklären und den historischen Ursprung dieser Missverständnisse untersuchen. Durch eine fundierte Auseinandersetzung mit den Fakten möchten wir ein differenziertes Bild der Freimaurerei vermitteln und zeigen, dass die wahre Bedeutung und der Wert dieser Bruderschaft jenseits von Mythen und Fiktionen liegen.

**Die Freimaurer und Verschwörungstheorien**

Die Freimaurerei war seit ihrer Entstehung Gegenstand von
Gerüchten, Mythen und Verschwörungstheorien, die oft wenig mit
den tatsächlichen Zielen und Aktivitäten der Bruderschaft zu tun
haben. Diese Theorien haben eine lange Geschichte und sind tief
in das öffentliche Bewusstsein eingebettet. Sie beruhen auf
Annahmen und Spekulationen, die über die Jahrhunderte hinweg
in der Gesellschaft gewachsen sind, und sind nicht selten das
Resultat von Unwissenheit und Missverständnissen über die
Rituale und Prinzipien der Freimaurerei. In diesem Unterkapitel
beleuchten wir die Ursprünge dieser Verschwörungstheorien, wie
sie entstanden sind, welche Elemente sie charakterisieren und
warum sie immer wieder an Popularität gewinnen. Zudem
erklären wir, wie die Freimaurerei auf diese Theorien reagiert und
wie sie bestrebt ist, durch Transparenz und Aufklärung Vorurteile
abzubauen.

Historisch betrachtet lassen sich Verschwörungstheorien über die
Freimaurerei bis in das 18. Jahrhundert zurückverfolgen, eine
Zeit, in der die Freimaurerei als Institution an Einfluss und
Popularität gewann. Die Geheimhaltung und die rituellen
Zeremonien, die den Freimaurerlogen eigen sind, trugen dazu bei,
dass die Außenwelt die Freimaurerlogen als mysteriös und
undurchsichtig wahrnahm. Hinzu kam, dass die Freimaurer zu
jener Zeit eine Gruppe von intellektuellen und politisch
engagierten Menschen umfasste, die in verschiedenen
Gesellschaftsschichten Einfluss hatten. In einer Epoche politischer
Umwälzungen und gesellschaftlicher Veränderungen bot die
Vorstellung, dass geheime Gruppen die Geschicke der Gesellschaft
im Verborgenen lenken, einen Nährboden für Misstrauen und
Spekulationen. Die Freimaurerei, die als exklusiv und verschlossen
galt, war prädestiniert, Ziel solcher Theorien zu werden.

Eines der frühesten und bekanntesten Beispiele für eine Verschwörungstheorie, die die Freimaurerei betraf, ist die sogenannte „Illuminaten-Verschwörung". Diese Theorie, die ihren Ursprung in den 1770er Jahren in Bayern hat, geht auf den Geheimbund der Illuminaten zurück, der sich aus freimaurerischen Logen heraus gebildet haben soll. Die Illuminaten unter ihrem Gründer Adam Weishaupt verfolgten das Ziel, die bestehende Gesellschaft zu reformieren und die Macht der Monarchien und der Kirche einzuschränken. Obwohl die Illuminaten als Organisation nur kurzzeitig aktiv waren, verschwand der Mythos um sie nicht. Vielmehr wurde die Vorstellung, dass die Illuminaten die Weltherrschaft anstreben und im Geheimen die Geschicke der Gesellschaft beeinflussen, zu einem festen Bestandteil der Verschwörungstheorien über die Freimaurerei. Die Verbindung der Illuminaten zur Freimaurerei wurde von Verschwörungstheoretikern als Beweis herangezogen, dass die Freimaurer geheime und weitreichende Machtpläne verfolgten.

Im 19. Jahrhundert gewann die Idee einer internationalen Freimaurerverschwörung weiter an Bedeutung. Während der Zeit der Französischen Revolution und der darauf folgenden politischen Instabilität in Europa wurden die Freimaurer zunehmend als Akteure einer umfassenden Verschwörung betrachtet, die das Ziel hatte, die Monarchien zu stürzen und eine säkulare, aufklärerische Gesellschaft zu etablieren. Besonders im katholischen Umfeld wurden Freimaurerlogen häufig als antireligiöse Organisationen angesehen, die dem Christentum feindlich gegenüberstünden. Der Papst verurteilte die Freimaurerei in mehreren päpstlichen Bullen und bezeichnete sie als gefährliche Geheimorganisation.

Diese kirchliche Ablehnung trug zur Entstehung von Verschwörungstheorien bei, die behaupteten, dass die Freimaurer hinter gesellschaftlichen Umwälzungen und gegen die Kirche gerichteten Aktivitäten standen. Die Annahme, dass die Freimaurer antikatholische und antireligiöse Ziele verfolgten, hielt sich lange Zeit und beeinflusste das Bild der Freimaurerei in weiten Teilen Europas.

Im 20. Jahrhundert erreichten Verschwörungstheorien über die Freimaurerei eine neue Dimension und wurden von totalitären Regimen für ihre Propaganda genutzt. In den 1930er Jahren diffamierten das nationalsozialistische Deutschland und das faschistische Italien die Freimaurerei als Teil einer angeblichen „jüdisch-freimaurerischen Weltverschwörung". Diese Theorie, die keine Grundlage in der Realität hatte, behauptete, dass die Freimaurerei in Verbindung mit jüdischen Netzwerken eine geheime und bösartige Macht sei, die das Ziel verfolge, die europäischen Gesellschaften zu destabilisieren und zu kontrollieren. Diese Propaganda diente den totalitären Regimen dazu, die Freimaurer zu verfolgen, ihre Logen zu verbieten und ihre Mitglieder zu diffamieren und zu kriminalisieren. Die Vorstellung einer „jüdisch-freimaurerischen Weltverschwörung" ist bis heute eine der weit verbreitetsten und gefährlichsten Verschwörungstheorien, die die Freimaurerei betreffen, und zeigt, wie Verschwörungstheorien als Instrument politischer Hetze missbraucht wurden und werden.

Ein weiteres Beispiel für eine bekannte Verschwörungstheorie, die die Freimaurerei betrifft, ist die Behauptung, dass die Freimaurer hinter der Ermordung von Präsident John F. Kennedy stehen.

Diese Theorie beruht auf der Tatsache, dass einige Personen im Umfeld von Kennedy Mitglieder freimaurerischer Logen waren und dass bestimmte Symbole, die mit der Freimaurerei in Verbindung gebracht werden, in der Umgebung des Tatorts entdeckt wurden. Die Theorie geht davon aus, dass Kennedys politischer Einfluss und seine reformorientierte Politik im Widerspruch zu den angeblichen Zielen der Freimaurerei standen und dass die Bruderschaft deshalb seine Ermordung geplant habe. Diese Theorie entbehrt jedoch jeder Beweislage und gehört zu den vielen spekulativen und falschen Annahmen, die durch die Medien und das Internet verbreitet wurden und bis heute die öffentliche Wahrnehmung der Freimaurerei beeinflussen.

Mit der Ausbreitung des Internets und der sozialen Medien haben Verschwörungstheorien über die Freimaurerei eine neue Plattform erhalten. Online-Foren, Blogs und soziale Netzwerke bieten Verschwörungstheoretikern die Möglichkeit, ihre Theorien und Annahmen schnell und weitreichend zu verbreiten, oft ohne jegliche Grundlage oder Faktenprüfung. Besonders populär sind Theorien, die behaupten, dass die Freimaurerei eine globale Geheimgesellschaft sei, die die Kontrolle über Regierungen, Banken und Medien habe und im Hintergrund politische Entscheidungen beeinflusse. Diese Theorien greifen häufig auf die alte Symbolik der Freimaurerei zurück, wie das Winkelmaß und den Zirkel, und interpretieren diese Symbole in einem negativen und bedrohlichen Licht. Die Vorstellung, dass die Freimaurer geheime Ziele verfolgen und im Verborgenen die Welt beeinflussen, hat sich als langlebiger Mythos erwiesen und wird durch die anonyme und ungefilterte Natur des Internets weiter verstärkt.

Die Freimaurerei hat im Laufe der Zeit verschiedene Strategien entwickelt, um diesen Verschwörungstheorien entgegenzuwirken und das öffentliche Verständnis ihrer Ziele und Werte zu verbessern. Viele Freimaurerlogen haben damit begonnen, ihre Arbeit öffentlich zugänglicher zu machen und der Öffentlichkeit Einblicke in ihre Geschichte, ihre Rituale und ihre ethischen Grundsätze zu geben. Durch Informationsveranstaltungen, Websites und Veröffentlichungen versuchen die Freimaurer, die Missverständnisse und Vorurteile, die durch Verschwörungstheorien entstanden sind, zu entkräften. Die Logen betonen, dass die Freimaurerei auf den Werten der Toleranz, Brüderlichkeit und Selbstentwicklung basiert und keine politischen oder gesellschaftlichen Machtziele verfolgt. Diese Transparenz soll das Vertrauen in die Freimaurerei stärken und dazu beitragen, dass die Öffentlichkeit ein realistisches Bild von der Bruderschaft erhält.

Zusammengefasst lässt sich sagen, dass Verschwörungstheorien über die Freimaurerei ein komplexes und weit verbreitetes Phänomen sind, das tief in der Geschichte und im öffentlichen Bewusstsein verankert ist. Die Kombination aus Geheimhaltung, Symbolik und der historischen Bedeutung der Freimaurerei hat dazu geführt, dass die Bruderschaft als Zielscheibe für Spekulationen und Mythen dient. Die modernen Kommunikationsmittel des Internets haben die Verbreitung solcher Theorien noch weiter erleichtert und machen es für die Freimaurerei zu einer ständigen Aufgabe, Missverständnisse aufzuklären und die wahren Ziele und Werte der Bruderschaft darzustellen.

## Häufige Missverständnisse und ihre Widerlegung

Die Freimaurerei ist eine der ältesten und gleichzeitig am meisten missverstandenen Organisationen weltweit. Über Jahrhunderte hinweg haben sich zahlreiche Mythen und Missverständnisse über die Bruderschaft entwickelt, die oft auf Unwissenheit, Spekulation oder gezielter Fehlinformation beruhen. Diese Missverständnisse trugen maßgeblich dazu bei, dass die Freimaurerei in der Öffentlichkeit oftmals falsch wahrgenommen wird.

Die Geheimhaltung, die die Freimaurerei umgibt, und die symbolträchtigen Rituale, die für Außenstehende ungewohnt oder unverständlich erscheinen mögen, haben ein Klima geschaffen, in dem sich Halbwahrheiten und Mythen verbreiten konnten. In diesem Unterkapitel widmen wir uns einigen der häufigsten Missverständnisse über die Freimaurerei und stellen die Fakten klar.

### Missverständnis 1: Die Freimaurerei ist eine Religion

Ein weitverbreitetes Missverständnis über die Freimaurerei ist die Annahme, dass sie eine Religion oder eine Art Kult darstellt. Diese Behauptung beruht vor allem auf der Tatsache, dass die Freimaurerei Rituale und Symbole verwendet und in ihren Lehren häufig auf spirituelle und moralische Werte Bezug nimmt. Viele Menschen schließen daraus, dass die Freimaurerei mit den strukturellen und doktrinären Merkmalen einer Religion vergleichbar sei. In Wirklichkeit jedoch ist die Freimaurerei keine Religion.

Sie besitzt keine heiligen Schriften, keine Priestertümer, und sie stellt keine spezifischen Glaubenssätze auf, die von ihren Mitgliedern befolgt werden müssen. Freimaurer können verschiedenen Religionen angehören oder auch keine Religion praktizieren, solange sie an ein höheres Wesen oder eine universelle moralische Ordnung glauben. Dieser Glaube, oft als „der Große Baumeister des Universums" bezeichnet, ist jedoch bewusst offen gehalten und lässt Raum für verschiedene individuelle Interpretationen.

**Missverständnis 2: Die Freimaurer verfolgen politische Ziele**

Eine weitere häufige Annahme ist, dass die Freimaurerei politische Macht anstrebt und versucht, auf gesellschaftliche Entwicklungen Einfluss zu nehmen. Kritiker behaupten, dass die Freimaurerlogen heimlich politische Entscheidungen beeinflussen oder dass ihre Mitglieder bestimmte politische Agenden verfolgen. Tatsächlich betont die Freimaurerei jedoch ihre Unabhängigkeit von politischen Parteien und ideologischen Strömungen. Die Bruderschaft hat keine festgelegten politischen Ziele und nimmt auch keine offiziellen politischen Positionen ein. Freimaurer sind aufgefordert, ihre individuellen politischen Überzeugungen zu respektieren und diese nicht in die Logenarbeit einzubringen. In den Logen selbst sind politische Diskussionen traditionell untersagt, um sicherzustellen, dass die Gemeinschaft der Freimaurer unabhängig von politischen Differenzen besteht und sich auf ethische und moralische Fragen konzentrieren kann.

**Missverständnis 3: Freimaurer sind Teil einer „geheimen Weltregierung"**

Die Vorstellung, dass die Freimaurer die Welt heimlich regieren oder dass sie eine Art „geheime Weltregierung" bilden, ist eine der bekanntesten und zugleich absurdesten Verschwörungstheorien. Diese Theorie geht davon aus, dass Freimaurer hohe Positionen in der Politik, in der Wirtschaft und in anderen gesellschaftlichen Bereichen innehaben und ihre Macht nutzen, um globale Entscheidungen zu beeinflussen. Diese Idee beruht jedoch auf reiner Spekulation und entbehrt jeder faktischen Grundlage. Zwar gibt es unter den Freimaurern Persönlichkeiten aus unterschiedlichen gesellschaftlichen Bereichen, doch dies ist nicht auf einen gezielten Machtanspruch zurückzuführen, sondern darauf, dass die Freimaurerei Menschen verschiedener Hintergründe anzieht.

Es gibt keine zentralisierte oder globale Struktur innerhalb der Freimaurerei, die es erlauben würde, weltweite Entscheidungen zu steuern. Die Freimaurerei ist eine lose Verbindung unabhängiger Logen, die jeweils eigenständig agieren und keine gemeinsame politische Agenda verfolgen.

**Missverständnis 4: Die Freimaurerei praktiziert „geheime" und gefährliche Rituale**

Das Bild von Freimaurern, die in dunklen Kellern geheime und gefährliche Rituale praktizieren, ist tief in der Popkultur verankert. Filme und Bücher haben dazu beigetragen, dass viele Menschen die Rituale der Freimaurer als unheimlich oder sogar gefährlich empfinden. Tatsächlich sind die freimaurerischen Rituale jedoch symbolische Handlungen, die dazu dienen, ethische und moralische Prinzipien zu vermitteln.

Diese Rituale enthalten Symbole und Allegorien, die die Mitglieder zur Reflexion über ihre eigenen Werte und Überzeugungen anregen sollen. Die Symbolik und die Rituale der Freimaurerei basieren auf traditionellen Elementen der Baukunst und auf philosophischen Grundsätzen. Diese Rituale sind keineswegs gefährlich oder geheimnisvoll, sondern repräsentieren die geistige und moralische Entwicklung des Einzelnen. Die Freimaurerei hat kein Interesse daran, ihre Mitglieder in „geheime Praktiken" einzuweihen, sondern möchte sie dazu anregen, sich ethisch und spirituell weiterzuentwickeln.

**Missverständnis 5: Freimaurer sind gegen Religion und Kirche eingestellt**

Ein weiteres gängiges Missverständnis über die Freimaurerei ist die Annahme, dass sie der Religion und den Kirchen feindlich gegenübersteht. Dieses Missverständnis geht teilweise auf historische Konflikte zwischen der katholischen Kirche und der Freimaurerei zurück. Die katholische Kirche betrachtete die Freimaurerei als Konkurrenz und verurteilte sie als subversive Kraft, die gegen die religiöse Ordnung gerichtet sei. In Wirklichkeit jedoch steht die Freimaurerei der Religion nicht ablehnend gegenüber und fordert von ihren Mitgliedern lediglich, an ein höheres Wesen oder an die moralische Ordnung des Universums zu glauben. Freimaurer können ihren Glauben individuell praktizieren und viele Freimaurer sind gläubige Christen, Muslime, Juden oder Angehörige anderer Religionen. Die Freimaurerei ist eine überkonfessionelle Organisation, die ihre Mitglieder dazu ermutigt, ihren Glauben im Einklang mit ihren persönlichen Überzeugungen zu leben.

**Missverständnis 6: Die Freimaurerei ist ein elitärer und geschlossener Kreis**

Oft wird die Freimaurerei als elitärer und exklusiver Club wahrgenommen, der nur Menschen aus wohlhabenden oder einflussreichen Kreisen aufnimmt. Dieser Glaube hat teilweise seine Wurzeln in der Geschichte der Freimaurerei, als sie sich aus den handwerklichen Gilden und später aus den höheren gesellschaftlichen Schichten entwickelte. Tatsächlich jedoch ist die Freimaurerei heute eine Gemeinschaft, die Menschen aus verschiedenen sozialen und beruflichen Hintergründen offensteht. Freimaurerlogen nehmen Mitglieder auf, die an den Werten der Freimaurerei interessiert sind und sich verpflichten, ihre moralischen Prinzipien zu respektieren.

Es gibt keine Voraussetzungen in Bezug auf Beruf oder sozialen Status, und viele Logen sind bestrebt, eine diverse und inklusive Gemeinschaft zu fördern. Der Beitritt zur Freimaurerei steht allen offen, die die ethischen und philosophischen Grundsätze der Bruderschaft teilen, und es gibt zahlreiche Logen auf der ganzen Welt, die Menschen unterschiedlichster Herkunft willkommen heißen.

**Missverständnis 7: Freimaurer stehen in Verbindung mit okkulten und esoterischen Praktiken**

Ein weiteres Missverständnis, das die Freimaurerei begleitet, ist die Vorstellung, dass die Bruderschaft okkulte und esoterische Praktiken ausübt. Diese Annahme basiert auf der Symbolik und den Ritualen, die innerhalb der Freimaurerei eine Rolle spielen und die von Außenstehenden oft als mysteriös oder unheimlich interpretiert werden.

Die Freimaurerei verwendet zwar eine symbolische Sprache und nimmt in ihren Lehren Bezug auf philosophische und spirituelle Konzepte, doch dies bedeutet nicht, dass sie okkulte Praktiken ausübt. Die Symbole der Freimaurerei, wie das Winkelmaß und der Zirkel, haben ihren Ursprung in der Baukunst und dienen als Metaphern für ethische und moralische Werte. Die freimaurerische Symbolik ist vielmehr ein Werkzeug zur Selbstreflexion und zur geistigen Entwicklung und hat keinen Bezug zu Okkultismus oder Magie.

Zusammengefasst zeigt sich, dass viele der gängigen Missverständnisse über die Freimaurerei auf Spekulationen, Unkenntnis und teils gezielter Fehlinformation beruhen. Die Freimaurerei ist weder eine Religion noch eine politische Machtorganisation, sondern eine ethische Gemeinschaft, die sich der Förderung moralischer und geistiger Werte widmet. Durch Transparenz und Aufklärung bemüht sich die Freimaurerei, die Vorurteile und falschen Annahmen, die über sie kursieren, zu widerlegen und der Öffentlichkeit ein realistisches Bild ihrer Werte und Ziele zu vermitteln. Die Freimaurerlogen betonen, dass ihre Traditionen und Symbole eine tiefere Bedeutung haben, die auf die ethische und spirituelle Entwicklung des Einzelnen abzielen und nicht auf geheime oder gefährliche Ziele ausgerichtet sind.

**Der Mythos der Weltmacht und die Realität**

Der Mythos, dass die Freimaurerei eine weltumspannende Macht mit Einfluss auf Politik, Wirtschaft und Gesellschaft darstellt, gehört zu den am weitesten verbreiteten und beharrlichsten Verschwörungstheorien über die Bruderschaft. Dieser Mythos basiert auf der Vorstellung, dass die Freimaurerei im Verborgenen die Geschicke der Welt lenkt, über geheime Netzwerke Einfluss auf Regierungen nimmt und weitreichende politische Agenden verfolgt. In dieser Sichtweise wird die Freimaurerei als eine Art „geheime Weltregierung" dargestellt, die ihre Mitglieder auf Schlüsselpositionen setzt, um strategische Ziele durchzusetzen. Tatsächlich jedoch entbehren diese Vorstellungen jeglicher Grundlage und beruhen auf einer verzerrten Wahrnehmung der tatsächlichen Struktur und Tätigkeit der Freimaurerei. In diesem Unterkapitel beleuchten wir die Entstehung dieses Mythos, seine Bestandteile und die Realität hinter den Behauptungen, die die Freimaurerei mit Weltmachtsansprüchen in Verbindung bringen.

Der Ursprung des Mythos der Weltmacht lässt sich auf das 18. Jahrhundert zurückverfolgen, als die Freimaurerei sich zunehmend in Europa und Nordamerika verbreitete und prominente Mitglieder aus den Bereichen Wissenschaft, Kunst, Philosophie und Politik gewann.

Durch ihre exklusive Mitgliedschaft und ihre betonte Verschwiegenheit erschien die Freimaurerei der Außenwelt als eine mysteriöse Gemeinschaft, die sich im Verborgenen traf und auf subtile Weise Einfluss ausübte. Diese Wahrnehmung wurde durch historische Ereignisse wie die Französische Revolution und die Amerikanische Unabhängigkeitsbewegung verstärkt, in denen einige Freimaurer eine aktive Rolle spielten. Diese politischen Umwälzungen führten zu Spekulationen, dass die Freimaurerei eine zentrale Rolle bei der Verbreitung revolutionärer Ideale spielte und den Umsturz bestehender Monarchien und Herrschaftsstrukturen anstrebte.

Auch wenn die Werte der Freimaurerei, wie Freiheit und
Gleichheit, tatsächlich einige dieser Bewegungen inspirierten,
waren sie weder die Triebkraft hinter den Revolutionen noch eine
kontrollierende Macht.

Ein prominentes Werk, das den Mythos der freimaurerischen
Weltmacht im 19. Jahrhundert nährte, war das Buch *„Die
Geheimnisse der Freimaurer"* von Leo Taxil. Taxil, ein
französischer Journalist, veröffentlichte eine Reihe von Schriften,
in denen er die Freimaurerei beschuldigte, ein satanisches
Netzwerk zu sein, das sich weltweit ausbreitete und das Ziel
verfolge, die Macht an sich zu reißen. Diese Schriften waren reiner
Betrug, wie Taxil später selbst zugab, und dienten ihm lediglich
dazu, Aufmerksamkeit zu erlangen. Dennoch wurde seine
Darstellung weithin rezipiert und trug dazu bei, die Vorstellung
einer finsteren, machtgierigen Freimaurerei in der Gesellschaft zu
verankern. Viele der heute noch kursierenden
Verschwörungstheorien über die Freimaurerei und ihre
angebliche Macht gehen auf die verzerrten und erfundenen
Berichte Taxils zurück, was zeigt, wie ein einzelner Irrglaube über
Jahrhunderte hinweg Bestand haben kann.

Im 20. Jahrhundert wurde der Mythos der Weltmacht der
Freimaurerei weiter verstärkt, vor allem durch die politischen und
ideologischen Spannungen der Zeit. Totalitäre Regime,
insbesondere das nationalsozialistische Deutschland und das
faschistische Italien, griffen den Mythos einer
„jüdisch-freimaurerischen Weltverschwörung" auf, um die
Freimaurer als Bedrohung für die „nationale Reinheit"
darzustellen und ihre Verfolgung zu rechtfertigen. Die Idee, dass
die Freimaurerei ein globales Netzwerk sei, das darauf abziele,
Nationen zu unterwandern und die Gesellschaft nach ihren
Vorstellungen umzugestalten, fand in diesen Regimen eine
ideologische Grundlage.

Freimaurerlogen wurden verboten, ihre Mitglieder verfolgt und in vielen Fällen sogar inhaftiert. Diese politisch motivierte Propaganda diente dazu, die Freimaurerei als finstere, weltumspannende Kraft zu diffamieren, obwohl sie in Wirklichkeit nichts mit solchen Machtansprüchen zu tun hatte. Die Verbreitung dieser Ideen zeigt, wie Verschwörungstheorien instrumentalisiert wurden, um politische Ziele zu verfolgen und Oppositionen zu unterdrücken.

Ein wesentlicher Aspekt des Mythos der Weltmacht der Freimaurerei ist die Vorstellung, dass Freimaurer sich gegenseitig auf Schlüsselpositionen unterstützen, um Einfluss auf politische und wirtschaftliche Entscheidungen zu nehmen. Die Realität sieht jedoch anders aus. Die Freimaurerei ist keine zentral organisierte Institution mit einem globalen Machtapparat, sondern besteht aus unabhängigen Logen und Großlogen, die jeweils autonom agieren und keine verbindliche, einheitliche Struktur besitzen. Es gibt keine zentrale Führung oder eine weltweite Agenda, die von einer freimaurerischen „Spitze" vorgegeben wird. Die Mitglieder einer Loge kommen aus verschiedenen gesellschaftlichen Schichten und Berufen und sind in erster Linie durch das Interesse an moralischer und spiritueller Weiterentwicklung verbunden. Die Idee, dass die Freimaurerei eine „Weltmacht" darstellt, ignoriert die dezentrale und oft lokal ausgerichtete Struktur der Bruderschaft und verkennt die Ziele und Werte, die den Freimaurern wichtig sind.

Ein weiterer Faktor, der den Mythos der Weltmacht befeuert, ist die symbolische Sprache der Freimaurerei. Symbole wie das allsehende Auge, das Winkelmaß und der Zirkel haben in der freimaurerischen Lehre eine tiefere Bedeutung und dienen als Werkzeuge zur Selbstreflexion und moralischen Erziehung. Diese Symbole werden jedoch oft missinterpretiert und als Hinweise auf geheime Machtansprüche gedeutet.

Insbesondere das allsehende Auge, das in verschiedenen freimaurerischen Darstellungen vorkommt, wird häufig als Zeichen einer umfassenden Überwachung und Kontrolle missverstanden. In Wahrheit ist das Auge jedoch ein Symbol für das Streben nach Weisheit und Erkenntnis und steht für die Idee, dass jeder Mensch für seine Handlungen und Entscheidungen verantwortlich ist. Die Bedeutung dieser Symbole ist für die freimaurerische Philosophie zentral, wird aber in der Außenwelt oft falsch gedeutet, was zur Verbreitung von Missverständnissen über die Ziele der Freimaurerei beiträgt.

Mit der Verbreitung des Internets und der sozialen Medien hat sich der Mythos der Weltmacht der Freimaurerei weiter verstärkt. Online-Plattformen und soziale Netzwerke bieten ein breites Forum für Verschwörungstheoretiker, die ihre Ideen und Theorien leicht und weit verbreiten können. Die Idee einer „freimaurerischen Weltregierung" wird in Online-Foren, Blogs und Videos oft als Tatsache dargestellt und von Menschen, die wenig über die Freimaurerei wissen, leichtgläubig aufgenommen. Bilder von freimaurerischen Symbolen auf öffentlichen Gebäuden, Banknoten und Denkmälern werden als Beweise für den vermeintlichen Einfluss der Freimaurerei auf die weltliche Macht interpretiert. Diese Symbole, die in der Kunst und Architektur oft als universelle Symbole für Ethik, Harmonie und Wissen verwendet werden, werden so in den Kontext von Verschwörungstheorien gestellt und fälschlicherweise als Zeichen einer geheimen Macht interpretiert.

Die Freimaurerei selbst hat in den letzten Jahren versucht, diesen Missverständnissen durch Aufklärungsarbeit entgegenzuwirken.

Viele Freimaurerlogen setzen verstärkt auf Transparenz und Öffentlichkeitsarbeit, um der Vorstellung einer „weltbeherrschenden Freimaurerei" entgegenzutreten. Veranstaltungen, Vorträge und Informationsbroschüren sollen der breiten Bevölkerung einen Einblick in die tatsächlichen Werte und Ziele der Freimaurerei bieten und Vorurteile abbauen. Auch im Internet präsentieren sich viele Logen mittlerweile offen und versuchen, ein realistisches Bild der Freimaurerei zu vermitteln. Diese Maßnahmen sollen dazu beitragen, den Mythos der Weltmacht zu entkräften und der Öffentlichkeit die Möglichkeit geben, die Freimaurerei als ethische und spirituelle Gemeinschaft zu verstehen, die keine politischen oder machtbezogenen Ziele verfolgt.

Zusammenfassend ist der Mythos der Weltmacht der Freimaurerei ein über Jahrhunderte gewachsener Irrglaube, der auf Missverständnissen, Fehlinformationen und teils gezielten Propagandamaßnahmen beruht. Die Vorstellung, dass die Freimaurerei eine geheime Weltregierung bildet oder globalen Einfluss ausübt, entspricht nicht der Realität und ignoriert die dezentralen und ethisch ausgerichteten Ziele der Bruderschaft. Die Freimaurerei versteht sich als Gemeinschaft, die sich der Selbstverwirklichung und der Förderung moralischer Werte widmet und die Vielfalt der individuellen Erfahrungen und Überzeugungen respektiert. Die Aufklärungsarbeit der Freimaurerei zielt darauf ab, der Gesellschaft ein realistisches Bild ihrer Werte und Traditionen zu vermitteln und den Mythos der Weltmacht zu widerlegen.

## Freimaurerische Symbolik in der Populärkultur

Die Symbolik der Freimaurerei ist weltweit bekannt und
faszinierend. Vom allsehenden Auge bis hin zu den Symbolen des
Zirkels und des Winkelmaßes – diese ikonischen Bilder haben die
Vorstellungskraft der Menschen über Jahrhunderte hinweg
beflügelt und finden sich heute nicht nur in den Logenräumen der
Freimaurerei, sondern auch in der Populärkultur wieder. Filme,
Bücher, Musikvideos und Videospiele greifen regelmäßig auf
freimaurerische Symbole und Themen zurück und integrieren sie
in ihre Geschichten, um ein Gefühl des Geheimnisvollen, der Macht
oder der Spiritualität zu vermitteln. Dieser breite Einsatz der
Symbolik hat jedoch oft dazu geführt, dass die Bedeutung der
Symbole missverstanden oder verzerrt wurde. In diesem
Unterkapitel widmen wir uns der Präsenz freimaurerischer
Symbolik in der Populärkultur, ihrer vielfältigen Interpretationen
und den Effekten, die diese Darstellungen auf das öffentliche Bild
der Freimaurerei haben.

Die Faszination für freimaurerische Symbole in der Populärkultur
lässt sich unter anderem darauf zurückführen, dass die
Freimaurerei schon immer als geheimnisvoll und mysteriös
wahrgenommen wurde. Symbole wie das allsehende Auge, das
Winkelmaß und der Zirkel gelten als Träger einer tieferen, oft
nicht sofort zugänglichen Bedeutung. Die Idee, dass diese Symbole
auf verborgene Wahrheiten oder geheimes Wissen hinweisen
könnten, passt gut in die Erzählstruktur von Geschichten, die sich
mit Geheimnissen, verborgenen Verschwörungen oder der Suche
nach Wissen beschäftigen. Freimaurerische Symbole haben daher
in der Populärkultur eine Funktion als „Chiffren des Verborgenen"
übernommen, die dem Publikum das Gefühl geben, einen Blick in
eine geheime Welt zu werfen.

Ein populäres Beispiel für die Verwendung freimaurerischer Symbolik in der Populärkultur findet sich in den Büchern von Dan Brown, insbesondere in *The Da Vinci Code* und *The Lost Symbol*. In diesen Werken verknüpft Brown freimaurerische Symbole und Themen mit religiösen und historischen Verschwörungen und führt seine Leser in eine Welt voller mysteriöser Hinweise und verborgener Geheimnisse. In *The Lost Symbol* spielt die Freimaurerei sogar eine zentrale Rolle und wird als ein Geheimbund dargestellt, der Zugang zu uraltem Wissen hat und dessen Mitglieder hochrangige Persönlichkeiten der Gesellschaft sind. Browns Bücher haben maßgeblich dazu beigetragen, die Vorstellung einer freimaurerischen Welt der Geheimnisse und Macht weiter zu verbreiten, und beeinflussten die öffentliche Wahrnehmung der Freimaurerei stark. Obwohl Browns Darstellungen fiktional sind, wird die Freimaurerei dadurch häufig als mysteriöse und potenziell mächtige Organisation wahrgenommen, was zu einer Verstärkung der Mythen und Missverständnisse über die Bruderschaft beigetragen hat.

Auch in der Filmindustrie findet sich freimaurerische Symbolik regelmäßig wieder. Filme wie *National Treasure* greifen auf freimaurerische Symbole zurück, um die Geschichte zu bereichern und ein Gefühl von Mysterium zu schaffen. In *National Treasure* wird die Freimaurerei als Hüterin eines jahrhundertealten Schatzes dargestellt, und die Protagonisten folgen einer Spur von freimaurerischen Symbolen, um den Schatz zu finden. Solche Filme vermitteln das Bild, dass die Freimaurerei über Geheimnisse und Schätze wacht, die es nur durch entschlüsselte Symbole zu entdecken gilt. Diese Darstellung mag spannend und unterhaltsam sein, führt jedoch häufig zu Missverständnissen darüber, was die Freimaurerei tatsächlich ausmacht.

In der Realität sind freimaurerische Symbole Ausdruck ethischer und spiritueller Werte und dienen zur Selbstreflexion der Mitglieder, während in der Populärkultur oft ein Bild des Verborgenen und Geheimnisvollen suggeriert wird.

Ein weiteres Beispiel für die Verwendung freimaurerischer Symbolik in der Populärkultur ist das allsehende Auge, das oft in Verbindung mit der Freimaurerei gebracht wird. Das allsehende Auge, auch als „Auge der Vorsehung" bekannt, findet sich auf der Rückseite des amerikanischen Ein-Dollarscheins und ist oft Gegenstand von Spekulationen und Theorien. Obwohl das Symbol tatsächlich in einigen freimaurerischen Darstellungen vorkommt und die Vorstellung von Wissen und geistiger Wachsamkeit repräsentiert, ist es kein ausschließlich freimaurerisches Symbol. In der Populärkultur wird das allsehende Auge jedoch oft als Zeichen für eine geheime Überwachungsmacht oder als Hinweis auf eine verborgene Kontrolle dargestellt, was zu Verschwörungstheorien geführt hat, die die Freimaurerei mit angeblichen Machtnetzwerken verbinden. Die Realität ist jedoch weit weniger spektakulär: Das Auge der Vorsehung symbolisiert in der freimaurerischen Lehre das göttliche Wissen oder das Streben nach geistiger Erleuchtung und ist keineswegs Ausdruck einer „allsehenden Macht".

Auch die Musikindustrie hat freimaurerische Symbolik aufgegriffen. In Musikvideos und Albumcovern von Künstlern wie Jay-Z, Kanye West und Madonna werden oft freimaurerische Symbole wie das allsehende Auge oder der Winkelmaß-Zirkel dargestellt. Diese Darstellungen dienen meist dazu, ein Gefühl von Macht, Geheimnis und exklusivem Wissen zu vermitteln. Besonders in den sozialen Medien führen solche Darstellungen immer wieder zu Spekulationen über angebliche Verbindungen der Künstler zur Freimaurerei oder zu „geheimen Netzwerken".

Tatsächlich verwenden viele Künstler freimaurerische Symbole jedoch als ästhetische Elemente oder als Ausdruck persönlicher Interessen an Mysterien und Geheimnissen, ohne dass dies auf eine tatsächliche Verbindung zur Freimaurerei hindeutet. Dennoch tragen diese Darstellungen dazu bei, das Bild der Freimaurerei als mysteriöse und mächtige Organisation in der Populärkultur zu verfestigen.

Videospiele sind ein weiteres Medium, das freimaurerische Symbole und Themen nutzt. Spiele wie *Assassin's Creed* greifen auf Elemente zurück, die an die Freimaurerei erinnern, und integrieren sie in die Spielwelt, um ein historisches und mystisches Ambiente zu schaffen. In *Assassin's Creed* wird eine geheime Bruderschaft dargestellt, die sich gegen mächtige Feinde stellt und deren Symbole und Rituale stark an die Freimaurerei erinnern. Diese Darstellung mag unterhaltsam und atmosphärisch sein, führt jedoch oft dazu, dass das Publikum die Freimaurerei mit Geheimorganisationen und verdeckten Machtspielen assoziiert. In Wirklichkeit dienen die Symbole und Rituale der Freimaurerei zur Förderung ethischer Werte und der spirituellen Entwicklung und stehen in keinem Zusammenhang mit einer geheimen Bruderschaft, die auf Macht und Kontrolle abzielt.

Die Verwendung freimaurerischer Symbolik in der Populärkultur hat zweifellos dazu beigetragen, die öffentliche Wahrnehmung der Freimaurerei zu prägen, jedoch nicht immer auf eine genaue oder sachliche Weise. Die Faszination für freimaurerische Symbole und das Geheimnisvolle, das sie umgibt, hat dazu geführt, dass diese Symbole in den unterschiedlichsten Kontexten eingesetzt wurden, oft ohne Rücksicht auf ihre ursprüngliche Bedeutung. Die Darstellung der Freimaurerei in der Populärkultur ist oft spektakulär und geheimnisvoll, was sie als spannende und mysteriöse Organisation erscheinen lässt.

Diese Darstellungen stehen jedoch im Widerspruch zur Realität der Freimaurerei, die sich als ethische Gemeinschaft versteht, die auf Selbstreflexion und moralischer Entwicklung basiert.

Um Missverständnisse zu reduzieren, bemühen sich viele Freimaurerlogen heute aktiv darum, die tatsächliche Bedeutung ihrer Symbole und Rituale zu kommunizieren. Durch Informationsveranstaltungen, Vorträge und Publikationen versuchen die Logen, der Öffentlichkeit einen tieferen Einblick in die symbolische Sprache der Freimaurerei zu geben und die Missverständnisse, die durch die Populärkultur entstanden sind, aufzuklären. Die Freimaurerei ist sich bewusst, dass ihre Symbolik in der Populärkultur einen festen Platz hat und auf vielfältige Weise interpretiert wird. Sie sieht diese Entwicklung jedoch auch als Gelegenheit, die Bedeutung ihrer Symbole auf eine Weise darzustellen, die das Verständnis für ihre Werte fördert.

Zusammengefasst zeigt sich, dass die freimaurerische Symbolik in der Populärkultur eine facettenreiche Rolle spielt, die sowohl von Faszination als auch von Missverständnissen geprägt ist. Die Freimaurerei selbst versteht sich als Gemeinschaft, die ethische Werte und Selbstentwicklung fördert und ihre Symbole als Werkzeuge zur moralischen Reflexion und Erleuchtung nutzt. Indem die Freimaurerei ihre Symbole in einem spirituellen und ethischen Kontext verwendet, hebt sie sich deutlich von den oft verzerrten Darstellungen in der Populärkultur ab.

**Die Freimaurerei im Vergleich mit anderen Geheimbünden**

Die Freimaurerei gilt als einer der bekanntesten Geheimbünde der
Geschichte und hat über Jahrhunderte hinweg eine bedeutende
Rolle gespielt. Doch neben ihr existieren und existierten
zahlreiche andere Geheimbünde, die ebenfalls von einem Schleier
des Geheimnisvollen umgeben sind. Gruppen wie die Illuminaten,
der Skull & Bones-Orden oder der Ku-Klux-Klan haben allesamt
eine ganz eigene Geschichte und Philosophie, die sie in vielerlei
Hinsicht von der Freimaurerei unterscheidet. In diesem
Unterkapitel beleuchten wir die Freimaurerei im Vergleich mit
anderen Geheimbünden und analysieren, welche strukturellen,
ethischen und historischen Unterschiede und Gemeinsamkeiten
es gibt. Durch den Vergleich lassen sich die wahren Ziele und die
einzigartigen Werte der Freimaurerei besser verstehen und von
jenen anderer Organisationen abgrenzen, die oft ebenfalls als
geheim und machtvoll gelten.

**Der Begriff „Geheimbund" und seine Definition**

Der Begriff „Geheimbund" wird allgemein für Organisationen
verwendet, die sich durch ihre Geheimhaltung, rituelle Praktiken
und eine exklusive Mitgliedschaft auszeichnen. Ein Geheimbund
legt Wert darauf, seine inneren Strukturen und Abläufe nur
Mitgliedern zugänglich zu machen und bewahrt somit eine
gewisse Verschwiegenheit. Diese Geheimhaltung sorgt oft dafür,
dass solche Bünde als mysteriös oder verdächtig wahrgenommen
werden. Allerdings kann es gravierende Unterschiede in den
Zielen, der Ethik und der gesellschaftlichen Rolle solcher
Organisationen geben. Während die Freimaurerei ethische und
philosophische Werte wie Toleranz, Brüderlichkeit und die
persönliche Weiterentwicklung betont, verfolgen andere
Geheimbünde oftmals ganz spezifische politische oder religiöse
Ziele.

**Die Freimaurerei und die Illuminaten**

Der wohl am häufigsten genannte Vergleich erfolgt zwischen der
Freimaurerei und den Illuminaten. Die Illuminaten, offiziell als
„Bund der Perfektibilisten" bekannt, wurden 1776 in Bayern von
Adam Weishaupt gegründet. Weishaupt, ein Gelehrter und
Professor, strebte an, eine Gemeinschaft zu schaffen, die gegen die
Kontrolle von Monarchien und Kirchen agierte und die Aufklärung
förderte. Die Illuminaten setzten sich für gesellschaftliche
Reformen ein, wollten religiöse und weltliche Autoritäten
hinterfragen und eine auf Vernunft und Humanismus basierende
Gesellschaft fördern. Allerdings existierte der Illuminatenorden
nur für kurze Zeit und wurde 1785 vom bayerischen Staat
verboten, da er als subversive Kraft angesehen wurde.

Während sowohl die Freimaurerei als auch die Illuminaten die
Werte der Aufklärung und der Vernunft schätzten, unterscheidet
sich die Freimaurerei doch deutlich in ihrer Zielsetzung und
Struktur. Die Freimaurerei ist dezentral organisiert und in erster
Linie auf die ethische und spirituelle Weiterentwicklung ihrer
Mitglieder ausgerichtet, während die Illuminaten aktiv
versuchten, politische Machtstrukturen zu beeinflussen und zu
verändern. Die Verbindung zwischen den beiden Gruppen ist
zudem häufig Gegenstand von Verschwörungstheorien, die
behaupten, dass die Illuminaten und die Freimaurerei im
Verborgenen eine gemeinsame Agenda verfolgen. Diese Annahme
basiert jedoch auf Spekulationen und Missverständnissen, da es
keine historischen Beweise für eine organisierte Zusammenarbeit
gibt. Während die Illuminaten aufgrund ihrer politischen
Aktivitäten im Verborgenen operierten, ist die Freimaurerei eine
Organisation, die zwar ihre Rituale schützt, sich aber als ethische
Gemeinschaft begreift und nicht primär politische Veränderungen
anstrebt.

## Der Skull & Bones-Orden

Der Skull & Bones-Orden, 1832 an der Yale University gegründet, ist ein weiteres Beispiel für einen Geheimbund, der oft im Vergleich zur Freimaurerei genannt wird. Skull & Bones ist eine exklusive studentische Gesellschaft, die nur wenigen Yale-Studenten jedes Jahr eine Mitgliedschaft anbietet. Bekannt für seine geheimen Rituale und sein exklusives Netzwerk von einflussreichen Alumni, hat Skull & Bones den Ruf, eine elitäre Organisation zu sein, die auf Netzwerke und Einflussnahme setzt. Zahlreiche prominente amerikanische Politiker und Wirtschaftsführer waren Mitglieder dieses Ordens, darunter auch US-Präsidenten wie George H. W. Bush und George W. Bush.

Im Vergleich zur Freimaurerei ist der Skull & Bones-Orden jedoch stark auf die persönlichen Netzwerke seiner Mitglieder und deren soziale Macht fokussiert. Während die Freimaurerei als offene Organisation weltweit existiert und Mitglieder unterschiedlicher Herkunft willkommen heißt, beschränkt sich Skull & Bones auf eine sehr kleine, exklusive Gruppe innerhalb eines Universitätscampus und zielt darauf ab, ein Netzwerk von Beziehungen zu schaffen, das den Mitgliedern in ihrem beruflichen und persönlichen Leben Vorteile bietet. Die Freimaurerei hat hingegen ein ethisches Fundament und eine Wertebasis, die auf den Prinzipien der Toleranz, Brüderlichkeit und Selbstreflexion beruht, und sie erwartet von ihren Mitgliedern eine moralische Weiterentwicklung. Während Skull & Bones also primär als Netzwerk für Elitepersonen dient, verfolgt die Freimaurerei das Ziel, das Leben ihrer Mitglieder durch ethische und spirituelle Lehren zu bereichern.

**Der Ku-Klux-Klan und die Freimaurerei**

Ein extremer Vergleich, der jedoch manchmal irrtümlich gezogen
wird, ist der zwischen der Freimaurerei und dem Ku-Klux-Klan.
Der Ku-Klux-Klan wurde nach dem amerikanischen Bürgerkrieg
1865 gegründet und verfolgte von Anfang an rassistische und
gewalttätige Ziele. Seine Mitglieder setzten sich für die
Unterdrückung der afroamerikanischen Bevölkerung ein und
strebten eine weiße Vorherrschaft an. Der Klan ist bekannt für
seine gewalttätigen Aktionen, einschüchternden Rituale und
rassistischen Ideologien, die im krassen Gegensatz zu den Werten
der Freimaurerei stehen.

Der Ku-Klux-Klan und die Freimaurerei könnten unterschiedlicher
nicht sein. Während der Klan auf Ausgrenzung, Hass und die
Verbreitung rassistischer Ideologien setzt, ist die Freimaurerei
eine internationale Gemeinschaft, die Toleranz, Gleichheit und
Brüderlichkeit zu ihren Grundwerten zählt. Die Rituale und
Zeremonien des Klans wurden teilweise in Anlehnung an die
Symbolik der Freimaurerei entwickelt, jedoch mit einem völlig
anderen ideologischen Hintergrund. Es ist wichtig, klarzustellen,
dass die Freimaurerei keine Organisation der Ausgrenzung oder
des Hasses ist, sondern sich für eine Ethik der Akzeptanz und des
Respekts gegenüber allen Menschen einsetzt. Die Verbindung
zwischen diesen beiden Gruppen beruht auf nichts anderem als
der Tatsache, dass beide verschwiegen arbeiten, doch ihre Ziele
und Werte könnten nicht weiter auseinanderliegen.

## Die Rosenkreuzer und die Freimaurerei

Die Rosenkreuzer, deren Ursprünge auf das 17. Jahrhundert zurückgehen, sind ein weiterer Geheimbund, der oft mit der Freimaurerei verglichen wird. Die Rosenkreuzer gelten als eine esoterische und mystische Gemeinschaft, die sich der Erforschung von Spiritualität, Alchemie und hermetischer Philosophie widmet. Die Gruppe stützt sich auf Texte und Überlieferungen, die spirituelle Erleuchtung und die Suche nach geheimem Wissen zum Ziel haben. Ähnlich wie die Freimaurerei verwenden die Rosenkreuzer Symbole und Rituale, die eine tiefere spirituelle Bedeutung haben und die Mitglieder auf eine innere Reise der Selbsterkenntnis und der Erleuchtung führen sollen.

Während die Freimaurerei und die Rosenkreuzer eine ähnliche Symbolik und das Konzept der Selbstvervollkommnung teilen, liegt der Fokus der Freimaurerei stärker auf ethischen und moralischen Fragen. Die Freimaurer sehen sich als eine Bruderschaft, die sich auf die Verbesserung der Gesellschaft durch die persönliche Entwicklung jedes Mitglieds konzentriert, während die Rosenkreuzer eine stärker mystische und esoterische Ausrichtung haben. Der Unterschied liegt also weniger in den Methoden – da beide Gruppen auf Rituale und Symbole setzen – als vielmehr in der philosophischen Ausrichtung: Die Freimaurerei betont eher praktische Ethik und die Entwicklung der Gemeinschaft, während die Rosenkreuzer auf metaphysische Erleuchtung und die Geheimnisse des Universums fokussiert sind.

**Freimaurerei und moderne esoterische Bewegungen**

Auch moderne esoterische Bewegungen und spirituelle
Geheimbünde, wie etwa die Theosophische Gesellschaft oder die
Anthroposophie, werden gelegentlich mit der Freimaurerei
verglichen. Diese Bewegungen, die im 19. und frühen 20.
Jahrhundert entstanden, beschäftigen sich mit der Erforschung
spiritueller und okkulter Themen und sind oft durch eine starke
Betonung auf persönliche Erleuchtung und ein Leben im Einklang
mit kosmischen Gesetzen geprägt. Die Freimaurerei teilt zwar mit
diesen Bewegungen das Interesse an einer individuellen
Entwicklung und dem Streben nach höheren Werten,
unterscheidet sich jedoch in ihrer konkreten Zielsetzung und
Methodik.

Während Bewegungen wie die Theosophie oft auf eine spirituelle
Vereinigung des Menschen mit dem Universum hinarbeiten und
okkulte Praktiken und Lehren integrieren, ist die Freimaurerei in
ihren Lehren geerdeter und orientiert sich eher an den
klassischen ethischen Tugenden der Aufklärung. Die Freimaurer
legen Wert auf Werte wie Freiheit, Gleichheit und Brüderlichkeit
und betonen die Wichtigkeit einer moralischen Lebensführung.
Okkulte oder mystische Praktiken spielen in der Freimaurerei
keine Rolle, sondern die

 Symbole und Rituale dienen zur Förderung der Selbsterkenntnis
und zur Reflektion ethischer Werte.

Der Vergleich der Freimaurerei mit anderen Geheimbünden zeigt,
dass es zwar Gemeinsamkeiten in der Verwendung von Symbolik
und Ritualen gibt, dass sich jedoch die Philosophie, die Ziele und
die Werte der Freimaurerei deutlich unterscheiden.

Die Freimaurerei versteht sich als ethische Gemeinschaft, die sich
der Förderung von Toleranz, Brüderlichkeit und der persönlichen
Weiterentwicklung widmet, und ist weder politisch orientiert
noch esoterisch geprägt. Indem die Freimaurerei ihre Symbolik
und Rituale zur Selbstreflexion und ethischen Erziehung nutzt,
hebt sie sich von anderen Geheimbünden ab, die oft spezifische
politische, religiöse oder mystische Ziele verfolgen. Der Vergleich
verdeutlicht, dass die Freimaurerei als eine überkonfessionelle
und ethisch orientierte Gemeinschaft einzigartige Werte vertritt,
die sie von anderen geheimen und halb-geheimen Organisationen
klar unterscheidet.

# Nachwort

Mit dem Abschluss dieses Buches haben wir eine Reise durch die
Welt der Freimaurerei unternommen, die sowohl faszinierend als
auch herausfordernd ist. Unser Ziel war es, die Freimaurerei in
einem sachlichen und fundierten Licht darzustellen und die
Missverständnisse und Mythen aufzuklären, die sich über
Jahrhunderte hinweg um diese Bruderschaft ranken. Die
Freimaurerei hat in ihrer langen Geschichte oft im Verborgenen
gewirkt, und doch ist ihr Einfluss auf die Gesellschaft nicht zu
leugnen. Sie hat in entscheidenden historischen Momenten eine
Rolle gespielt und hat zahlreiche Persönlichkeiten hervorgebracht,
die die Welt nachhaltig geprägt haben. Die Freimaurerei ist ein
Teil unseres kulturellen Erbes, und sie steht bis heute für Werte
wie Brüderlichkeit, Toleranz und ethische Selbstverpflichtung.

In einer Welt, die sich ständig verändert und in der die
Informationsflut immer größer wird, bleibt die Freimaurerei
dennoch ein Geheimnis für viele Menschen. Durch ihre
Geheimhaltung und ihre symbolische Sprache wird sie oft als
mysteriös und unzugänglich wahrgenommen. Dieses Buch hat
gezeigt, dass hinter dieser Fassade eine Gemeinschaft steht, die
sich auf uralte Werte und Prinzipien stützt und die in ihren
Ritualen und Symbolen eine tiefere Bedeutung und Funktion sieht.
Die Symbolik der Freimaurerei ist nicht dazu gedacht,
Außenstehende auszuschließen oder zu verwirren, sondern ist
vielmehr ein Mittel zur Selbstreflexion und zur Förderung der
ethischen und spirituellen Entwicklung der Mitglieder. Die Rituale
und Symbole, die der Freimaurerei innewohnen, sind keine
Zeichen geheimer Macht, sondern Ausdruck einer gemeinsamen
Suche nach Wahrheit, Erkenntnis und Selbstverbesserung.

Die Auseinandersetzung mit der Freimaurerei hat uns auch vor Augen geführt, dass die Grenzen zwischen Fakt und Fiktion oft verschwimmen, wenn es um Themen geht, die verschwiegen und geheimnisvoll erscheinen. Die Freimaurerei ist seit jeher Gegenstand von Spekulationen und Verschwörungstheorien, die sowohl durch Unwissenheit als auch durch bewusste Fehlinformationen gefördert wurden. Von der Vorstellung, die Freimaurer würden eine geheime Weltregierung bilden, bis hin zur Annahme, dass sie Zugang zu geheimem Wissen oder gar mystischen Kräften hätten – diese Ideen haben wenig mit der Realität zu tun und sagen oft mehr über die Ängste und Fantasien der Gesellschaft aus als über die Freimaurerei selbst. Die Freimaurerei ist keine Organisation, die politische oder wirtschaftliche Macht anstrebt; vielmehr ist sie eine Gemeinschaft von Menschen, die sich für ethische Prinzipien einsetzen und die persönliche Entwicklung und Brüderlichkeit in den Vordergrund stellen.

Dieses Buch hat auch verdeutlicht, dass die Freimaurerei in vielerlei Hinsicht einzigartig ist. Sie vereint Menschen unterschiedlichster Hintergründe und Überzeugungen in einer Gemeinschaft, die auf Respekt, Toleranz und gegenseitigem Lernen beruht. In einer Zeit, in der die Welt oft durch Konflikte und Spannungen geprägt ist, bietet die Freimaurerei ein Modell für ein friedliches und konstruktives Miteinander, das auf gemeinsamen Werten basiert. Die Freimaurerloge ist ein Ort, an dem Menschen unabhängig von ihrem Glauben, ihrer Herkunft oder ihrem sozialen Status zusammenkommen können, um sich über Fragen des Lebens, der Ethik und der Menschlichkeit auszutauschen. Diese Offenheit und Bereitschaft zum Dialog sind wesentliche Bestandteile der freimaurerischen Philosophie und zeigen, dass die Freimaurerei auch in der modernen Welt eine bedeutende und relevante Rolle spielen kann.

Es ist unser Anliegen, dass die Leserinnen und Leser durch dieses Buch ein tieferes und klareres Verständnis der Freimaurerei gewonnen haben. Wir hoffen, dass dieses Werk dazu beiträgt, die Freimaurerei von den Vorurteilen zu befreien, die sie häufig begleiten, und dass es den Leser dazu anregt, die wahren Werte und Ziele dieser Bruderschaft zu würdigen. Die Freimaurerei ist nicht einfach eine Organisation, sondern eine Lebensweise und eine Gemeinschaft, die den Menschen dazu ermutigt, sich ständig weiterzuentwickeln und seinen Platz in der Welt mit Verantwortung und Integrität einzunehmen.

Das Buch endet hier, doch die Freimaurerei und ihre Geschichte setzen sich fort. Die Bruderschaft wird auch in den kommenden Jahren und Jahrzehnten Herausforderungen begegnen, die sie dazu anregen werden, ihre Prinzipien zu überdenken und sich den gesellschaftlichen Veränderungen anzupassen, ohne ihre ethische Grundlage zu verlieren. Die Freimaurerei wird weiterhin die Werte von Toleranz, Brüderlichkeit und moralischem Wachstum fördern und dabei hoffentlich ein Beispiel für eine Gesellschaft sein, die sich für das Gemeinwohl und die persönliche Entwicklung einsetzt.

In diesem Sinne ist die Freimaurerei nicht nur ein Relikt der Vergangenheit, sondern eine lebendige Gemeinschaft, die auch heute noch in zahlreichen Ländern aktiv ist und Menschen auf der ganzen Welt inspiriert. Wir wünschen den Leserinnen und Lesern, dass sie mit einem klareren Verständnis der Freimaurerei und einem neuen Blick auf deren Bedeutung für die menschliche Gesellschaft aus diesem Buch hervorgehen. Die Freimaurerei hat trotz ihrer langen Geschichte nichts von ihrer Relevanz und Aktualität verloren, und wir sind überzeugt, dass sie auch in Zukunft eine bedeutende Rolle im Leben vieler Menschen spielen wird.

Abschließend möchten wir betonen, dass dieses Buch kein abschließendes Urteil über die Freimaurerei darstellt. Es ist vielmehr eine Einladung zur weiteren Erkundung und zum Dialog. Die Freimaurerei ist ein faszinierendes Thema, das immer neue Perspektiven und Einsichten bereithält. Möge dieses Buch dazu beitragen, Vorurteile abzubauen und die Türen zu einer offenen und sachlichen Auseinandersetzung mit einer der ältesten und bedeutendsten Bruderschaften der Weltgeschichte zu öffnen.

www.ingramcontent.com/pod-product-compliance
Lightning Source LLC
Chambersburg PA
CBHW051256250726
48656CB00004B/1317